WAC BUNKO

「反日・親北」の韓国 はや制裁対象！

李 相哲
武藤正敏

WAC

はじめに――南北朝鮮、このまま放置して良いのか

文在寅政権が発足したのは二年ほど前の二〇一七年五月のことですが、この二年の間に日韓関係は最悪の状態に陥りました。それをすべて文在寅《ムンジェイン》大統領のせいにするわけではありませんが、不思議なことに、金正恩《キムジョンウン》朝鮮労働党委員長に会うと満面に笑みをうかべ、とても腰の低い文在寅大統領が日本に対してはなぜか高姿勢で、厳しい。

日本の新元号・令和に対して、文政権寄りのハンギョレ新聞は、四月二日付け紙面で、安倍晋三首相が、その出典に日本の古典も含めるよう求めていたことを指摘し、「安倍首相の国粋主義的価値観が反映された」「令和は言葉通り解釈すれば、『平和を命じる』という意味だ。日本政府が自らが考える平和のために積極的な役割を果たす、という意味に取れる」「安倍首相は、憲法で自衛隊の存立の根拠を明確にしなければならないと主張し、改憲を推進中だ」と批判しました。さすがに、文在寅政権は、そこまで荒唐無稽な

批判を新元号に関しては表明はしていませんが……。

ともあれ、私の記憶では日本から先に韓国を刺激するような言動が出たわけでもない。事のはじまりは、文在寅氏が大統領に就任してから韓国側が決着がついたはずの慰安婦問題を再び持ちだしたからだと思います。その後、徴用工問題などで二国間関係がギクシャクするなか、最近では、突然、「親日の残滓《ざんし》」を清算するのは後回しにできない課題だと称して、日本と一線を画すことが正義かのような雰囲気を作っています。

戦後、日本と韓国は長い期間、歴史問題などで多少の対立はありましたが、それでも現実問題では互いに協力しあいながら共に繁栄を築いてきました。さらに日本と韓国はアメリカを介して准同盟関係をむすび、北朝鮮問題などでは連携を組んで対処しました。ところが文在寅政権発足後、いつの間にか、日本は韓国と北朝鮮の共通の「敵」に変わったような錯覚を起こす、不思議な現象が起きています。

韓国海軍が日本の海上自衛隊の哨戒機に射撃管制用レーダーを照射した事件がそうでした。韓国海軍が漂流中の北朝鮮船員を救助している最中に救助現場の上空を飛行していた日本の哨戒機に射撃管制用レーダーを照射したのは、日本を「敵」とみなさなければ起こりえないことです。友好国という認識があったならば、哨戒機が現れたら助けにきたと喜ぶべきではなかったでしょうか。その後の韓国の対応から、レーダー照射は単純なミスではなかったことも判明しました。韓国国防省は当初はレーダー照射の事実があったことを認めましたが、すぐに前言を撤回、逆に日本に謝罪を求めてきました。このような不可解なことはひと昔前なら考えられないことです。「一体、韓国はどうなっているのか？」という疑問が生じてもしかたのないことですね。

このように二国関係を大きく損傷する重大な事件が起っているのに、文在寅大統領は立場を表明しなかった。徴用工問題でも、元徴用工を名乗る方たちが日本企業の財産を差し押さえようとする行動を見せているのに、この問題をどう処理するつもりかという立場表明は現時点ではしていません。慰安婦問題を蒸し返しておきながら、いまだに、最終的に何を、どうするつもりかという方針はしめさず、日本と正面切って話をしようともしていません。

日本はどうでもよいと考えているのでしょうか。あるいは山積する国内問題に気を取られているからなのかはっきりしませんが、政権がまともに機能していないのではないかと疑いたくなります。

文在寅大統領が政治生命をかけている北朝鮮問題、いわば非核化の問題では、本当は日本の協力は必要なはずです。しかし、二回目の米朝首脳会談を控え、日本を訪れた文在寅大統領の特別補佐官の文正仁《ムンジョンイン》氏は「北朝鮮の非核化に日本の役割はない」(二月、慶応大の講演で、「現在南北と米国が休戦協定、非核化を議論しているが、日本の役割はなくなるほかない」と発言)とまくし立てましたが、彼の言葉は文大統領の認識を代弁したものと理解して間違いないでしょう。ところが、いざハノイ会談が決裂すると、韓国は「日本の妨害があったからだ」と、日本のせいにしました。皮肉なことに、このような発言の裏を返せば、韓国の対北朝鮮政策は日本の影響力により上手くいくことも、悪くなることもある、ということを韓国の政治家たちが、自ら認めたということでもあります。

つまり日韓が反目するのは韓国の国益にもプラスにならないことです。韓国の現政権が国益を大事にするのであれば、日本のような世界第三位の経済大国はもとより、発展途上にある小さな国であっても丁寧に接するべきであり、さもなければ国益を損《そこ》ねることになるでしょう。

だから、文政権は、アメリカのような伝統的な友邦からも信頼されていないのではないかという声が聞こえ始めました。最近、米国務長官のマイク・ポンペイオ氏は、文政権の国家安保室長の鄭義溶《チョンウイヨン》氏と金正恩朝鮮労働党委員長を「嘘つき」呼ばわりしたことが話題になっています。

昨年十二月、ポンペイオ氏はジョージ・ウォーカー・ブッシュ元大統領の葬儀で参列した政府関係者に会ったとき、「非核化問題で金正恩氏は『嘘つきだ』だ。信じられない人物だ」と話したことが明らかになりました。その後、韓国政府関係者との電話で「鄭氏も嘘つき」だと言った（三月二十六日付『東亜日報』）というのです。鄭氏は文在寅の特使として平壌を訪問し、金正恩に会ったあとアメリカを訪ね、トランプ大統領に対し「金正恩委員長の非核化の意志は確固たるものだ。信じてよい」と、トランプ大統領に首脳会談を勧めた人物です。

鄭氏が文在寅氏の意図を汲《く》んでいたのはいうまでもありません。事実上、文在寅大統領も何度となく「金委員長は確固たる非核化の意志を持っている」と言ってきました。ジョン・ボルトン米国大統領国家安全保障補佐官は昨年八月五日（現地時間）、「フォックスニュース」の「フォックス・ニュース・サンデー」に出演し、「金正恩委員長が四月二十七日、板門店《パンムンジョム》で、文在寅大統領に『非核化を進めるつもりであり、一年以内に行う』と約束した」と主張しました。これは文在寅氏がトランプ大統領に伝えた話とされます。

米国は文在寅氏と鄭義溶氏を信じて会談に臨みましたが、板門店会談から一年がたついま、それが嘘だったというのが確認されました。米国からすると、金正恩に騙されたというより、韓国、文在寅氏に騙された気分でしょう。

ハノイ会談が決裂した後の、二〇一九年三月二十六日（現地時間）、米国上院外交委東アジア太平洋小委員会が主催した「第二回米朝首脳会談以降の米国の対北朝鮮政策」聴聞会で、コリー・ガードナー小委員長は「米国は（北朝鮮との非核化交渉で）同盟諸国の協力がない非伝統的な状況を迎えている」とも述べました。もはや韓国をあてにしていない、いや、あてにできないと言ったのです。

なのに、文在寅氏は、いまなお、あきらめず、窮地に立たされた金正恩を救うため米国説得に全力を挙げています。四月十一日にトランプ大統領に会った文氏は、北朝鮮との対話の可能性を残しているトランプ氏に謝意を表明したという。金正恩の外務大臣になったつもりでしょう。そしてトランプ大統領に対し「北朝鮮が寧辺の核施設と一部核心的施設を廃棄する措置をとれば米国も段階的にこれに見合った制裁緩和措置をとる」という妥協案を提示したものの、「北朝鮮の完全な核廃棄がなければ制裁緩和はできない」と、文氏の提案は黙殺されたも同然でした。さらに、「三度目の米朝会談をはやく開催してほしい」と迫ったようだが、トランプ大統領は「急ぐ必要はない。急げば良い合意は出ないだろう」と答えたという。文氏は、ここに至っても、なお、状況を充分理解できていないようだ。はっきり言えるのは、文氏は北朝鮮問題においては国際社会の認識とはかけ離れた見方をお持ちでいることは確かなようです。

このような不可解な文在寅大統領の振る舞いや韓国の現政権がやっていることがどんな結果を招くかは、時間がたたないと分かりにくいと思いますが、最近、周りから「韓国は大丈夫か？」「文在寅は一体、何考えているのか？」と聞かれることが多くなりました。一言二言で答えられる問題ではないので、「さあ、どうでしょう」と相手からすると腑《ふ》に落ちない言葉で返しますが、日本でこの質問に一番確実に答えられるのは武藤正敏元駐韓国特命大使ではないでしょうか。

四十年にわたる外交官生活のうち、十二年を韓国で過ごし、大統領に当選される前の文在寅氏に直接会って話を聞いたことがあり、数々の韓国に関する書物を執筆された武藤元大使は、いまどきの韓国をどう見つめておられ、文在寅氏をどう評価しているのか、そして、日本と韓国の間に横たわる問題をどう解決したら良いか、ということにきっと答えをお持ちかもしれない。それを聞いてみたい。そのような趣旨のもと、武藤氏に対談を申し込んだところ快く引き受けてくれました。

詳しいことは本文を読めばお分かりになると思いますが、この本は韓国を貶《けな》したり、文在寅大統領を非難したりするものではなく、韓国を理解したうえで、これから日本は韓国とどう付き合っていけば良いかを考えるための内容になっているはずです。韓国を長年観察してきた私や武藤元大使には、日韓関係はこのままでは駄目だという思いがあったわけです。

この本は、文政権が誕生して以来の韓国が抱えている問題や文在寅氏の国政哲学や国家運営、対北朝鮮政策にも触れていますが、何も「内政干渉」をするつもりはありません。韓国はいまどうなっているのか、文在寅氏は何をしようとしているのかを知るのは、これからの日韓関係をどうすればよいかを考えるうえで必要不可欠であるという思いがあったからです。

韓国がいつまでも不安定な状況にあり、日本と不仲のままだと、それは日本にとっても韓国にとっても不幸なことです。

『韓国人に生まれなくてよかった』の著者でもある武藤元大使は、著書のなかで「いま、韓国社会は韓国人が生きていくうえでただでさえ困難を孕んでいる。私が韓国人であったとしたら、今の韓国で成功者になれる自信はない」と綴っています。

韓国出身の両親をもちながら、中国にうまれ育った私は、幸か不幸か韓国に生まれていませんが、「韓国人に生まれなくてよかった」という言葉にはさすがに衝撃をうけました。私は偶然にも中国に生まれ、後に日本に暮らすようになり、日本国籍を取得して「日本人」になりましたが、韓国に生まれていたら何をしていたかを想像することもあります。しかし、武藤氏の本をよみ、改めて、しみじみと日本人になってよかったと思うようになりました。

この本がいよいよ完成を迎える四月に日本では新元号が発表されました。「令和」の令は、君主が家来や民に指図するために人を集める情景と、人達が命令を聞く情景を図形化したものといいます。和は、穏やかで角がたたないという意味。君と民が和《なご》やかで、調和を取っている「姿」の国を意味すると私は受け止めました。しかも「令和」はおしゃれ。「おりしも佳き月で、空気は澄みわたり風はやわらか」と、誰もがありのままの気持ちを飾りなく表現できる平和で、ロマンティックな社会情景がうかびます。これからの日本も「令和」でいたいという願いが込められているのでしょう。

こんな日本に暮らせる幸運に恵まれたことに私はつねに感謝しています。というのは、一人の人間としての幸せとは別に、学者として日本で暮らしているからこそ、自由にものが言えるし、韓国や中国とは一歩離れたところで冷静に、その国の様々な事象を客観的に見つめることができるのではないかと思うからです。

そうは言っても、今の韓国、いまの韓国政権はいくら客観的な立場でみつめようとしても、冷静にはいられない。そのような気持ちはこの本の随所に出ているかもしれません。それを、武藤元大使が冷静にうけとめ、淡々とわかりやすく解説して下さったおかげで、この本は、格調の高い、日本と韓国の未来を憂い、日韓の未来を考えさせられる内容になったのではないかと思います。

二〇一九年四月吉日

李 相哲

「反日・親北」の韓国
はや制裁対象！

◎目次

◆第3章　文在寅の恐怖政治の実体　95

◆第4章 韓国は北朝鮮に呑み込まれる

取材協力／荒井敏由紀
装幀／須川貴弘（ＷＡＣ装幀室）

第1章

文在寅は「金正恩の首席報道官」

「北朝鮮は非核化の意思なし」を露呈した首脳会談

――文在寅《ムンジェイン》氏が二〇一七年五月大統領になってからはや二年。その間、韓国の左傾化は著しいものがあります。そこで、前在韓国大使の武藤正敏さんと、朝鮮半島に近い中国国竜江省に生まれ朝鮮半島情勢に詳しい李相哲さんのお二人に、朝鮮半島の「過去現在未来」を縦横に語っていただければと思います。まずは、物別れになった二月末のベトナムでの米朝首脳会談についての総括から……。

武藤　北朝鮮は寧辺《ニョンビョン》の一部だけを廃棄して、その見返りに、アメリカに対して、経済制裁をほぼ全面的に解除させようとしましたね。要するに最初に少しの犠牲で取るものを取り、非核化はそこで終わらせようとの魂胆です。段階的にせよちゃんと非核化プロセスを実施するつもりがあれば、そんな提案にはならないはずです。こういう提案を北朝鮮が提示したということは、要するに北朝鮮は非核化する意志はないということですよ。

李　そうです。ベトナムでの会談で、北朝鮮には非核化の意思がないのを、アメリカ側は確認したことになりますね。では、北朝鮮には非核化の意思がないのに、なぜ今までアメリカ側は北との話を続けてきたかというと、文在寅大統領がアメリカや国際社会に「嘘」を撒き散らすことによって、ミスリードをしたからです。

武藤　文大統領が、ありもしない北朝鮮の非核化への意思とやらを針小棒大に伝えた。

李　韓国の野党・自由韓国党の羅卿瑗《ナギョンウォン》院内代表は、北朝鮮との関係を重視した文在寅政権の外交政策を批判し、米ブルームバーグ通信を引用する形で「これ以上、韓国大統領が金正恩《キムジョンウン》（朝鮮労働党委員長）の首席報道官だという、顔から火が出るような話を聞かせないようにしてほしい」と訴えましたよね。

武藤　「美人すぎる国会議員」として有名な女史ですよね（笑）。

李　ともあれ、過去に遡ると、最初、第一回会談前の昨年（二〇一八年）三月五日に文在寅大統領の特使・国家安全保障室長の鄭義溶《チヨンウイヨン》氏が北朝鮮に行き、金正恩（朝鮮労働党委員長）に会って、いったんソウルに戻って文在寅大統領に金正恩との会談結果を報告した。

その後、彼が、文大統領の特使としてアメリカへ渡り、トランプ大統領に対して「金正恩委員長がアメリカ合衆国大統領と会談したい意向がある」と、金からのメッセージを伝えた。そこで、それならとトランプ大統領が「金正恩からの要請に応じよう」と答えたわけです。

しかし、そのあと、五月半ばに、対北強硬派のジョン・ボルトン（国家安全保障担当大統領補佐官）が、「北朝鮮が核を捨てるなら、リビア方式がいい」とのコメントを出した。ペンス副大統領も北朝鮮に対してＣＶＩＤ（「完全（Complete）かつ検証可能（Verifiable）で、不可逆的（Irreversible）な非核化（Denuclearization）を要求した。

それに対して北朝鮮が、五月二十四日に両者を非難した。そこで即座にトランプ大統領が文大統領に相談なく、「会談を取りやめる」という決定を下した。その前の五月二十二日に訪米した文在寅大統領がトランプ大統領との会談で「金正恩の非核化の意志は固い」と伝えていたにもかかわらずです。

そこで文在寅大統領が五月二十四日直後の二十六日に何の予告もなく大慌てで金正恩に会いに行って板門店で会談した。これは四月二十七日に板門店の韓国側施設「平和の家」で行われて以来、二度目の会談でした。

五月二十六日に金正恩と会った翌日の記者会見で、「ほんとうに金正恩委員長は、非核化の意志があるんですか」という質問に対して、文在寅大統領は「私はそう理解しました」と語った。

武藤　それって、「語った」というよりは「騙った」といったほうがいい（笑）。

李　その通りですよね。さらに、六月一日に、朝鮮労働党副委員長の金英哲《キムヨンチョル》氏がトランプ大統領と会談し、会談終了後にトランプ大統領が、中止を翻して、予定通りに米朝首脳会談を開催すると発表した。

そんなドタバタ劇があったのですが、結果的には昨年（二〇一八年）六月十二日、シンガポールで第一回米朝首脳会談は実現したわけです。

これまでの文在寅大統領の発言を聞くと、知らなかったのか、あるいは間違った解釈をしたのか、「金正恩委員長は、非核化の確固たる意志を持っている」と、ずっと言い続けてきました。

しかしベトナムでの二度目の会談で確認したのは、まったく違っていたということ。北朝鮮側がせいぜい譲歩できたのは、寧辺にある古い核施設の中の施設の破棄でしかない。

武藤　もう古くなって、あまり使っていないところですね。

平壌郊外の降仙がバレて驚愕した北朝鮮

李　しかも、過去に一度、自由世界のマスコミを招いて冷却棟を破壊して、見せびらかすショーをやったところです。世界の注目がその施設に集中している間に、重要施設をどんどん外に運び出してしまった。今、とくに問題になっているのは、プルトニウムよりはウラン濃縮型です。

武藤　北朝鮮はウランがたくさん取れるので、ウラン濃縮型であれば、いくらでも核弾頭がつくれる。

李　はい。今回、トランプ大統領が、「寧辺だけでなく、これ以外にも大きな施設がある」と突き付けたら、北朝鮮はビックリしてしまった。

武藤　北朝鮮のウラン濃縮のための遠心分離機が、平壌郊外の降仙《カンソン》にある。米政策研究機関「科学国際安全保障研究所」によると、六千から一万二千台あるということですね。

李　遠心分離機をつくるアルミニウムは、特別な高強度のアルミニウムを使っていて、その生産量をアメリカはすべて把握している。

武藤　遠心分離機は北朝鮮で生産できるんですか？

李　できない。ですから、ドイツなどから輸入している。

武藤　それは制裁違反でしょう？

李　そうなんです。しかし、その生産量をアメリカが全部掴んでいて、どこに輸出したのかというのが全部わかる。だから、北朝鮮が遠心分離機を何機持っているかがわかるわけです。

武藤　それがアメリカにばれていたということで、北朝鮮は驚いてしまった。偵察衛星であれば、工場など施設の建物しか見えないですからね。

李　二〇〇二年の時点で、すでに北朝鮮のウラン濃縮はバレていた。このとき、アメリカが北朝鮮に対して「プルトニウムだけではなく、ウラン濃縮もやっているのではないか」と突きつけた。

最初は「そんなことは絶対ない」と言ったのが、すぐに、開き直って、「いや、あるよ。それ以上、すごいものもやっているよ」と。それで決定的な対立がはじまって核危機が高まった。

このとき核危機が高まったのは、北朝鮮が嘘をついたからです。今回も結果的には、単純な図式で言うと、北朝鮮が嘘をついていることをアメリカが確認したということです。これで、また危機は高まると思います。

「裸の王様」金正恩は、トランプを見誤った

武藤　三度目の米朝首脳会談をやるかどうかが今後の課題ですが。北朝鮮が降仙を完全にギブアップするぐらいでないと会談はできない。

李　そうです。もう一度、金正恩がアメリカと話をするためには、金正恩の選択肢は非常に限られている。今や、完璧にアメリカの要求を受け入れるか、あるいは対立するかという状況で、その二者択一しかない。

武藤　そもそも文大統領の一番大きな失敗は、米朝の仲介にあたって、アメリカに対して、「北朝鮮は非核化する意志がある」としか言ってこなかったことです。本来、彼は、北朝鮮に対して、「アメリカと和解しようと思ったら、非核化する以外に道はない」とまず強く説得しなければならなかった。しかし、彼は、北に対して、そういう厳しい忠告を一切言っていないと思う。

李　文在寅という人は、いつも事実を言わない。

今回の会談で、金正恩が、なぜ、「そんな与太話では、いくらトランプでも呑むわけ

がない」と、素人でも思う要求を出したのか。文大統領と会って、彼の「騙り」からアメリカというかトランプを甘く見たのではないかと思いますね。要は「裸の王様」化している。

武藤　つまり、金正恩は、昨年四月以降、文大統領の甘言を信じて、トランプ大統領であれば御しやすいという印象を持った。たしかに、それ以後、トランプ大統領自身もツイッターなどで金正恩に対して甘いことばかり言ってきた。それは金正恩の本音を引き出すための高等戦術だったかもしれませんが、トランプ氏も文氏の甘言に多少なりともひっかかったと言えますね。というよりは昨年の時点では中間選挙前に外交的成果を出したかった。そこでその甘言に乗ってしまったということでしょう。

そもそも、金正恩がどういう人物かを考えてみると、彼は今までその権力の地位を得るために、国内で争ったわけではない。兄（金正男氏）はいましたが、父親が「あいつはダメだ」と排斥してしまった。彼は、父の死後、自動的に後継者になっている。だから、金正恩は「自分がやることはすべて正しい」と周りのものが認め、自分でもそう思い込んできた。そういう境遇の人物だから、トランプ大統領が、「俺は彼のことが好きだ」とか「いい奴だ」と言えば、やはり自分は素晴らしいのだという気になりますよ。

李　わざとその気にさせたのではないですか？

武藤　トランプ氏にして見れば、自分の言うことを聞かせようと思って言ったのかも知れませんが、単純な金正恩は「トランプ氏は俺が好きだから、俺の言うことは聞いてくれるだろう」とその気になってしまったんでしょうね。

李　トランプ大統領はビジネスマンなので、今回も別れるとき、ニコニコしながら、「いや、決裂していないよ」と言って帰国した。しかし、独裁者である金正恩からすると、自分の思惑通りにならなかったのだから、ほんとうに腹立たしい結果だった。内心、ショックだったでしょう。

武藤　彼は今まで挫折など味わったことがない。国内では、彼は絶対に間違いのない最高指導者でいなければいけない。だから、「今回、挫折をした」などとは絶対に認めるわけにはいかない。北朝鮮の公式メディアは「ベトナム訪問を成功裏に終えた」と報じている。

李　金正恩に誤算があったとしたら、トランプ氏という人物を正確にわかっていなかったことです。今まで習近平氏に会い、文在寅氏に会い、そしてトランプ氏に会ってみたら、大したことない。だから、自分が強引にやれば……と。

武藤　そうでしょう。みんなが彼をチヤホヤしているから。

李　金正恩は、自分が世界の中心にいるような錯覚に陥っていた可能性もあります。

武藤　そう、陥っていた。だから今回、彼はギャフンとなって、北京に寄らずに真っ直ぐに帰った。中国では、ちょうど全国人民代表大会が開かれていたこともあったけれど。

李　それもあったけど、会いたいといっても、中国がおそらく拒否したと思います。それまでは金正恩は世界でもチヤホヤされていたけれど、決裂したことで彼の価値はガタ落ちして、そんな孤立を深めていく指導者と会っても、習近平氏には何の得にもならないからでしょう。

さらに、中国は、いま米中貿易戦争で一番大事な時期を迎えている。アメリカは、中国が北朝鮮の後ろで糸を引いていると疑っているのに、会談直後に金正恩と会ったりしたら、アメリカの疑惑をさらに強めかねない。

武藤　中国が北に寄り添っていると思われたら、中国にとっては絶対に損ですから。

中国も、トランプ氏という人物は、それまで、あんなに北朝鮮に対して調子のいいことを言っていながら、いざとなったら後ろ足で蹴ってやめてしまうのを見て、米中の貿易協議についても、そうとうに危機感は募らせたでしょうね。

安倍首相が妨害したから物別れになったと騒ぐ韓国

――今回の米朝会談で文在寅氏は何の役割も果たせなかったと見ていいのでしょうか？

李　韓国式に解釈すれば、「文在寅大統領のおかげで、今日まで来たんだ！」という言い方ですね。

武藤　たしかに、彼のおかげ（但し奸計）で米朝首脳会談はセットされ実現はしました。しかし、アメリカに対して、北朝鮮の制裁解除を取り次ぐことはできなかった。米韓軍事演習を中止したり小規模化することには成功しましたが、北も核実験を遂行することはできないままです。

李　韓国の政治家の中には、「ハノイ会談決裂の裏に日本の影が見え隠れする。世界の指導者のうちハノイ会談失敗に歓呼した人は安倍首相一人だけだ。米朝会談が決裂したのは、日本の妨害と陰謀のせいだ」と言っている、鄭東泳《チョンドンヨン》・民主平和党の代表のような人もいます。

武藤　あの人の言うことはまったく信用できない（笑）。

李　でも、ほかにも、マジでそう言っている韓国人はいます。

武藤　「なんでも日本のせいにする」韓国ですから、議員やマスコミ人でもそう思っている人がけっこういる。決裂を安倍首相が喜んでいると……。韓国の人はよく誰かのせいにするからね。

李　この米朝会談がはじまる前に、文在寅大統領の特別補佐官（統一・外交・安全保障担当）の文正仁《ムンジョンイン》氏が日本に来て、「日本の役割はなくならざるを得ない」と言っていました。

しかし、私は、制裁を続けるためにも日本の役割が、今後ますます大きくなると思っています。

それに、韓国側が言うように、日本が妨害したということはまったくありません。ただし、日本が正しい姿勢をずっと貫いてきたことが、今回の会談のトランプ大統領の決断の背景になっていると思います。

武藤　妨害したということはないけれど、安倍首相はトランプ大統領には、「北朝鮮を警戒しろ」という正論はずっと言っていますからね。それを「妨害」と見る向きもあるでしょうが、「陰謀」というのはお門違い。

李　ですから、結局、トランプ大統領はじめ世界の指導者たちが、文在寅大統領よりも、嘘ではなく、正論を唱える安倍首相の言葉に耳を傾けるわけですよ。

武藤　世界の指導者たちで、文在寅大統領以外に、「北朝鮮が非核化する」と思っている人は一人もいない（笑）。

李　金正恩もそう思っていない（笑）。だから、「北朝鮮は非核化する」と言い続けている文大統領は「オオカミ少年」みたいなものですよ。誰も相手にしなくなってきた（笑）。にもかかわらず米朝を繋ぎとめようと必死ですね。この四月にトランプ大統領を説得するため文在寅は訪米、その後金正恩に会う予定ということですから、彼は金正恩の報道官というより、金正恩の外務大臣の方が似合うかも知れませんね。

「三・一」百周年演説に見る文在寅の底意に注意せよ

――ベトナムでの会談直後に催された「三・一」百周年の文在寅の演説に、今回の米朝会談の決裂は大きな影響があったのですか？

李　はじめは、ベトナムから帰国する金正恩のソウル答訪を希望していたようですが、それは早い段階で消えていた。というのも、文大統領は二〇一七年五月の就任以来、中国・上海に大韓民国臨時政府が樹立された一九一九年四月十一日を「建国の日」とみなしているわけですが、北朝鮮では建国を一九四八年九月九日と定めているからです。昨年（二〇一八年）、建国七十周年を祝って平壌で軍事パレードをやったばかりですからね。その翌年にいきなり百周年というわけにはいかないでしょう（笑）。

武藤　まぁ、慌てて南北関係についての演説内容はガラリと書き変えたでしょう。

李　私も書き換えていると思います。

武藤　しかし、日本との関係はそれほど書き換えてないと思う。日本に対しては、歴史問題ではいつも厳しいことは言っているので、それ以上に言って、あえて日本との関係をさらに悪くする必要もないということですからね。

「隣国との外交で葛藤の要因を作ろうというのではない。親日清算も外交も未来志向的であらねばならない」「朝鮮半島の平和のために日本との協力を強化する」「力を合わせ（日本の朝鮮半島統治時代の）被害者らの苦痛を実質的に癒やしたときこそ、韓国と日本は心の通じる真の友人になる」……。

日本国内では、徴用工や慰安婦など具体的問題に言及せず、日本との協力に言及した演説を聞いて、少しは日本との関係が変わるのかなと期待を持っている人たちがいたけれども、それは変わらないでしょう。

私は、文在寅氏という人は、調子のいいことは言うが、別の場所ではまた別のことを言うのを何度も見てきました。文氏の言葉をただ信じてはだめで、彼の行動を見なければいけないといつも思っている。

李　金正恩に対するのと同じ態度で、文大統領の言葉に関しても眉唾物とみなして、日本は接するべきですね。

武藤　そうです。たとえば新日鐵住金（二〇一九年四月一日より日本製鉄と社名変更）の資産の差し押さえ、売却などをやめさせたりすれば評価すべきだけれども、そういう行動が伴わないかぎり、彼が言葉で美辞麗句をいくら並べたてたところで、評価できない。

李　私が「あれ？」と思ったのは、日本についての「歴史を鑑として韓国と日本が固く手を握る時、平和の時代がわれわれに近付くでしょう。力を合わせて被害者の苦痛を実質的に癒すとき、韓国と日本は心が通じ合う真の友人になるでしょう」という言葉でした。それを善意に解釈すれば、徴用工問題も韓国が処理してくれるという意味でしょうから一番いいわけです。

武藤　少なくとも、この問題に関して、日韓協議には応じるべきですよね。

李　ええ。「固く手を握る」が本音だったのか、あるいは、単なるリップサービスだったのか……。

武藤　演説で言いたいことは「日本は俺たちの言うことを聞け」というだけのことですよ。

李　今、日本は国民から政治家まで冷静に対応している。毅然とした態度を取っているから、むしろ文在寅氏のほうが少し寄ってきているような雰囲気を感じたのですが……。

武藤　寄ってきてはいないけども、韓国側も「これはやばいな」と感じているのかもしれない。

李　全体的にそんな感じがします。冒頭で述べたように、韓国内の野党からかなり公然と文政権批判が出てますからね。

武藤　新日鐵の資産売却についても三月末時点では原告側は保留していますが、それは日本の大々的な反発を受け、韓国にとってやばいことになるなという懸念が高まっているということでしょう。ただ、いつまで我慢するか分かりません。

李　たしかに、「このまま突っ走るのはやばいな」と判断しているのかもしれませんね。

武藤　今、われわれ日本人が韓国政府などに対して言うべきことは、「言葉ではなく、行動で示してくれ」ということに尽きます。次章で詳しく話しますが、それが元徴用工の問題で協議に応じることだし、差し押さえはやめるということ。このまま差し押さえ、売却へと進むと、日韓関係はガタガタになります。日本側は、そのことをきちんと韓国に強く警告しておかなくてはならない。

第2章

「積弊清算」で事実を捻じ曲げる韓国

文在寅の任期後半は最悪の治世となりしか

李　元在韓国大使の立場から、文在寅《ムンジェイン》政権の二年間、そしてこれからの残り三年間の治世がどうなると見ていますか？

武藤　それを占う上で、まず注目すべきは、二〇一九年一月十日に行われた文在寅大統領の新年の年頭の記者会見です。日本に関して、こう述べています。

「過去、韓日の間には三十五年ほどの不幸な歴史があった。この歴史のため、新たに外交関係を樹立する際、韓日基本条約を締結したが、全て解決されていないとされる問題がいまも続いている。これは韓国政府が作り出したのではなく、過去の不幸な長い歴史のため作られた問題だ」

「日本政府がこれについて、もう少し謙虚な立場であらねばならないと思う。韓国政府は、問題は問題として両国が知恵を合わせ解決し、未来志向の関係を損なわないようにしようと言ってきた。日本の政治指導者らが、こうした問題をたびたび政治争点化し非難材料とし、問題を拡散させていることは賢明ではない」

「韓国最高裁の判決について、日本も韓国も、世界のあらゆる文明的な先進国も三権分立に基づき、司法府の判決に政府が関与することはできず、司法判断を尊重せねばならない。日本も同じだろう。日本が韓国の判決に不満を示すことはできる。だが、日本も不満があっても、やむを得ないという認識を持ってくれねばならない」

「（徴用工問題に関しては）韓日がいかに知恵を合わせて問題を解決するか。韓国の司法府が韓日基本条約では解決されていないと判断した問題について、被害者の苦痛を癒やす問題について、韓日両国がどのように解決するか真摯に知恵を合わせていかねばならない。政治的な攻防の材料にし、未来志向の関係を損ねるのは望ましくない」

まず、元徴用工問題は、日韓基本条約で解決されていないと指摘しています。この認識は、日韓国交正常化後約五十年間、日韓が尊重してきた大原則を壊すものです。この大原則をトップリーダー自らが崩したら、せっかくここまで積み上げてきた日韓関係を壊してしまうことになりかねない。

李　韓国は国際法を明確に踏みにじったわけです。国際法を守れない国と外交などできませんよ。

武藤　さらに、「日本政府は謙虚な立場であらねばならない」と発言した。「謙虚な立場」

とは、「日本は韓国を植民地にしたのだから、韓国の言うことを何でも聞け」ということです。これは日本としては絶対に受け入れらない。

李 植民地云々とは、七十年以上も前のこと。現在を生きる人とは別人格の人の時代の話です。その道理が通用するのなら、日本はすべて韓国の言いなりにならなければならない。そんなことは許されません。

武藤 私は長く日韓の外交に携わってきました。その間、教科書問題、慰安婦問題など、いろいろな問題が起きました。その都度、韓国の国民世論はワァッと盛り上がり、収拾がつかなくなった。

日本としては、日韓関係が大事だと思っている。外務省の先輩によく言われていたのは、「日韓外交は、日本外交の試金石だ」という言葉です。つまり、「日韓関係をうまくマネジメントできるならば、韓国以外の国との外交もうまくできる」と。そのくらい、日韓関係は複雑で難しいのです。それにしても、相手がここまで教条的になってしまうと……。

李 もはや処置なし……。

武藤 ですから、私は、日韓関係をいかにして安定化させるかをずっと考え、これまで日本はずいぶんと韓国に譲ってきた。韓国の人たちは、「いつも自分たちが譲っている」と言うけど、そんなことはありません。譲るのはいつも日本側だった。

しかも、近年、相対的に日本の国力は落ち、韓国の国力は上がって、経済力や軍事力からしても、「先進国」と「途上国」という関係は終わり、日韓はほぼ対等な関係になってきています。その「自信」が、文大統領の傲慢に結びついている。

李　防衛費（軍事費）も、日本の五兆円に対して、韓国は四兆七千億。このままだと追い抜かれますね。この韓国の軍事力に北の核兵器がプラスされようものなら大変なことになる。

武藤　そうです。だから日本が一方的に譲歩するのではなく、対等な国家として、お互いに譲るべきは譲り合って、外交を展開しなければなりません。

この合理的精神で合意に達したのが、二〇一五年十二月の「慰安婦合意」です。

岸田外相は共同記者発表で「当時の軍の関与のもとに多数の女性の名誉と尊厳を深く傷つけた問題であり、日本政府は責任を痛感している」と日本側の責任を認めました。ただ、韓国側が求めた法的責任は認めていない。他方、日本はそれまで道義上の責任と言ってきましたがそこは曖昧にしている。要するに中間点を取ったのです。また、韓国は、日本が撤去を求めている在韓国日本大使館前の慰安婦少女像についても、「関連団体との協議等を通じて解決に努力する」と表明しました。そして、今後、国連など国際社会で、本問題について互いに非難、批判することを自制すると日韓外相が表明もした。さらに、両国政府が慰安婦問題を「最終的かつ不可逆的に解決させること」で合意したわけですよ。

妥協の産物であっても、とにかくお互いに譲り合った。

私は日本国内で、「日本の外務省は譲りすぎじゃないか」と、ずいぶん非難されましたが、これで正常な日韓関係になると期待を持ったものです。

李 『W i L L』にも叩かれましたよね(笑)。

武藤 えぇ。それでも日韓関係は大事だから、何とかまとめなければいけない、とずっとやってきた。そうした人間にとってみれば、「慰安婦合意」は画期的なものでした。そして日本は、約束通り、韓国政府が設立する元慰安婦を支援するための「和解・癒やし財団」(通称「慰安婦財団」)に十億円を拠出しました。朴槿恵政府はこの合意を根付かせようと真剣に取り組みました。だから、七割以上の元慰安婦が受け入れたのです。

しかし文政権は国民情緒としてこの合意は受け入れられないとして、「和解・癒やし財団」を解散させてしまった。受け入れなかったのは文政権と近い二割ちょっとの元慰安婦だけです。韓国大使館前の慰安婦少女像もそのままです。さらに「日本に譲れ」と理不尽なことを言ってきている。ここで日本が譲ったら、日本は、未来永劫、韓国の言いなりの国家に落ちてしまう。

これでは、日韓の正常な対等な関係は築けない。いまどれほど対立したとしても、将来の日韓関係を考えたら、絶対に譲るべきではありません。ここで対等な日韓関係を確立しなければいけない。

李　同感です。

日本を軽視しているから、「天皇謝罪発言」などが出る

――韓国国会の文喜相《ムンヒサン》議長が今年（二〇一九年）二月に、米ブルームバーグ通信とのインタビューで、「天皇陛下が元慰安婦に直接謝罪をすれば慰安婦問題を解決できる」と話していますね。これには、さすがに多くの日本国民が非常に不快な気分にされた。こういうことが続いては、韓国離れを起こすと思いますが？

李　彼の「天皇謝罪要求」には唖然としました。慰安婦問題については「戦争犯罪の主犯の息子」である今の天皇が、「(慰安婦の) おばあさんの手を握り、申し訳なかったと一言言えば、問題は解消されるだろう」と語っていますが、妄言というしかない。さらに、「ハンギョレ」新聞 (三月二十七日) のインタビューでも同様の発言 (「安倍首相、あるいは安倍首相に準じた日本を象徴する天皇が元慰安婦に『ごめんなさい』とひと言、言えば解決される」) と繰り返しています。

武藤　文喜相氏が日韓議員連盟の会長をしていた時に、私もよくお目にかかっていました。いつもにこにこしていて、温厚で、あまりしゃべらない人でした。しかし別の人によれば、酒の席で会うと、いささか饒舌《じょうぜつ》になるタイプだそうです。しかも結構厳しいことも言う。好意的に解釈すれば、最初は文在寅政権が、日韓関係が非常に悪くなって困っているから、なんとか収めたい。そのためには、日本の誰かが謝罪してくれれば収まるのではないかという気楽な気持ちで言ったのではないか。彼は知日派と言われているけれど、実際は、日本のことをほとんど知らない。日本人のメンタリティなど、まったくわかっていないから、ああいうことを言ってしまった。

そこで「失敗した。ごめんなさい」と言えばいいけれど、それを言ったら「親日派」として叩かれる。そこで彼の好戦的な部分がでて、だんだん深みにはまっていってしまったというのが実態だろうと思うのです。

　でも、それが現政権に近い知日派と言われる人の実態ですよ。外交部でも日本のことを知っている人はみんなはじき出されてしまって、今、外交部で日本のことを知っている人は誰も残っていない。二〇一九年三月から駐日大使になった南官杓《ナムグアンピョ》氏という人については、私はそれほど良くは知りませんが、一九九〇年代に一度、在日本大使館に勤務したことがあるということです。この人は外交官出身ですから、前任者（二〇一七年十月から）の学者で文在寅大統領の政策ブレーンの李洙勲《イスフン》大使よりはましだと思います。ただ、李洙勲大使も気の毒でした。日韓関係がこのようになったのは李大使の責任というより文政権の責任です。南大使も本国が今のような状況ではどれほど力を発揮できるのか、なかなか難しい立場だと思います。

　ただはっきりしていることは、今、日韓関係のパイプが、ほんとうに細くなって、日本のことを知る人は、ほとんどいないということです。

　今度の「三・一」独立運動の問題にしても、韓国の人たちは、北朝鮮が「三・一」運動について、まったくシンパシーがないことをわかっていない。だから、「一緒にやろう」

などと、とんでもないことを言った。それと同じように、日本との関係でも、日本人がどう思っているかなど、彼らはまったく考えもしないで、そういう傲慢な発言をする。

これは別に文喜相氏に限ったことではなく、今の政権の人々は、日本の人のメンタリティを理解しないで、本人にはそれほど悪気がなくて、日本がカチンとくるようなことをよく言うんですよ。

ともあれ、韓国人は、日本の政治が、権威（天皇）と権力（首相）とが分離していることをよく理解していない。日本の皇室は権力がなく権威があったから三千年近く続いた。その点、アメリカや韓国の大統領は権力とともに権威も一応保持している。そういう認識で日本を見るから、そういう妄言が出てくる。韓国の「知日派」と言われる人でも、この程度のレベルでしかないことをよく認識しておくべきですよ。

李　日本を軽視しているから、日本には失礼なことを言っても許されるという意識が一方ではあるんでしょう。

元徴用工問題で韓国は孤立する

――元徴用工問題については、二〇一八年十月三十日、韓国の最高裁にあたる大法院は新日鐵住金に対して韓国人四人に一人あたり一億ウォン（約一千万円）の損害賠償を命じましたね。同様の判決が日本企業（三菱重工ほか）に対して命じられました。その結果、すでに、新日鐵住金や三菱重工に対して、韓国地裁が商標権や特許権の差し押さえを決定しています。この動きはますます加速化していくようですが……。

武藤　新日鐵住金と三菱重工に対しては、おっしゃる通り、資産の差し押さえ請求もなされ、それを認める決定も地裁で出ています。

対象の日本企業は、それ以外にもＩＨＩ、東芝、日産自動車、パナソニック、日本郵船、住友化学、王子製紙など約七十社にのぼると報じられています。韓国政府が認定した元徴用工は二十二万人と言われていますから、日本企業全体で約二兆二千億円の賠償が突きつけられる可能性もあるわけです。

――文在寅政権は、日本企業からむしり取ればいいと思っているんでしょうか。

武藤　最初はそこまでは思っていなかったのではないか。慰安婦問題の時のように、日韓両国政府、日韓両国の企業で基金財団をつくって「賠償」すればいいと考えていたと思う。しかし日本の反発が強くて、思いどおりにいかなかった。だから韓国政府としては、「対応策を打ち出さない」というのが、「現状の対策」だと思います。

しかも元徴用工が二十二万人（研究者によっては、七十万〜八十万とも推定される）と言うけれど、ほんとうの元徴用工というのはその何十分の一だろうと思うんですよ。徴用された人は、戦争の最後の時期だけですから。しかし、当時の正確な記録がないので、正確な数はわかりません。とはいえ、それなりの賃金を払っていたのは間違いない事実です。食事には韓国人の好むキムチも出ていたようです。戦後になって、寒冷地のシベリアに抑留された日本人のような「強制連行」による「強制労働」でもない。

実態がどうかは別にして、全て解決したものであるにもかかわらず、一旦差し押さえが始まれば、日本は対抗上、経済的な対抗措置をとらざるを得ないでしょう。また、仮に二兆円となったら、日本も徹底的な対抗措置を発動し、日韓の貿易戦争にまで発展するかもし得れません。韓国側がそこまで覚悟しているとは思えないのですが、このまま逃げ切ろうと思っているのでしょうか。

李　韓国政府は、問題の深刻性に気づいてない可能性が高い。いまパンドラの箱が開けられてしまい、各地で韓国の弁護士らが、元徴用工に対する説明会を開き訴訟せよと煽っている状況です。

ここで問題となるのは、そもそも徴用工とは何かということですよ。

韓国が徴用工問題を国際世論に訴えるために、ニューヨークのタイムズ・スクウェアに、旧徴用工として大きな写真を載せました（二〇一七年七月、「軍艦島の真実」という一五秒の広報映像）。

そこに、日本人が撮った一九二六年（大正十五年）の日本人炭鉱労働者の写真を、軍艦島での韓国の徴用工だと言って載せていた。あとになって、この映像制作と宣伝を主導した反日活動家の徐敬徳《ソギョンドク》誠信女子大教授も「徹底的に検証ができなくて不本意に間

旭川新聞に掲載された日本人土工の写真を国定教科書に「徴用工」として掲載（産経新聞、2019年３月20日付）

旭川新聞（大正15年５月９日）掲載の記事と写真

違えた」と、虚偽であったという事実を認めています。

武藤　にもかかわらず、なんとその写真が、韓国の教科書に使われていた。「強制労役に動員されるわが民族」というキャプションと共に（産経新聞二〇一九年三月二十日）。その写真は釜山の国立日帝強制動員歴史館にも展示されていますが、間違いだという指摘は何年も前から日本人研究者からもなされていた。にもかかわらず、教科書に掲載するというのだから、いい加減もいいところです。

李　最初はむしろ韓国から日本に働きに行きたい人がたくさんいて、募集すると自発的に集まった。終戦間際の一九四五年ころに一部、強制的に徴用した可能性はあると思うのですが、その内訳をはっきりさせる必要がある。こうした問題をうやむやにしたまま、名乗った人をみんな「徴用工」だとすれば、日本としてはとても受け入れられないでしょう。

そういう問題があるから、まだ終戦から二十年しか経っていない一九六五年の「日韓基本条約」で、その問題を含め、全ての問題を決着をつけようということにしたんです。

武藤　おそらく、徴用工だったか、単なる不法就労者だったかどうか、仕分けすることはできないと思う。

李　できないですよね。これはもはや調査不能です。

武藤　新日鐵住金の四人は、もともと徴用工ではなかった人たちです。それを徴用工と認めた以上、もう泥沼、ぬかるみに入り込んでしまった。論理的な、合理的な話し合いができない。

とはいえ、「アジア太平洋戦争犠牲者韓国遺族会」が韓国政府を相手取って、訴訟（二〇一八年十二月）を起こしましたが、これは正しい。つまり、日本企業に対する個人の請求権は消滅しているけれど、個人の請求権そのものは消滅していないというならば、その請求権は、韓国政府に向けられるべきなんです。

李　日本でもシベリア抑留者が日本政府を訴えたりしていましたね。もし、日本人抑留者が、日本の裁判所に対して、ソ連（ロシア）は強制労働の対価を払えと訴えても相手にされないでしょう。もちろん、日本の裁判所が万が一それを認めて、さもなくば、ソ連（ロシア）企業の資産を差し押さえるといったところでどうにもならない。

ともあれ、これから仮に国際司法裁判所にこの徴用工問題が提訴されたら、韓国裁判所のトンデモ判決の矛盾が明るみになるでしょうね。そして、もし韓国政府が国際司法裁判所で敗訴したら文在寅体制は瓦解する。だから、当然、韓国政府は国際司法裁判所の提訴に同意するわけがない。

韓国の大きな問題は、裁判所の裁判官も含めて、政府、野党関係者やマスコミ人も、当たり前の事実を直視しようとしないことです。だから、この訴訟を起こした人たちが、ほんとうに徴用工だったかどうかという事実はもう論外になっている。

いま北朝鮮も、国内に徴用工、慰安婦を含めて八十万人いると言っています。北朝鮮はその八十万人に対して、たぶん日本に対して何か要求してくる……。

武藤 だとすると北朝鮮は、拉致被害者を返して日朝復交となれば、まずは一人一千万として八兆円よこせことと言うんだろうね。ふざけるなという話ですよ。

李 韓国が法治国家というのならば、北朝鮮と同じようなことを、やるべきではない。事実関係を、まず整理する必要がある。

武藤 こういう裁判の問題点は、どうしても被害者に対して同情的になる側面があるにしても、今回のような韓国司法の判断だったら、これは泥仕合になる。日本も徹底的にやるべきでしょう。

李 文在寅大統領は三権分立だから裁判所の判決を尊重するしかないと言い立てていますが、二国間に、こういう外交問題が生じたときに、国民や問題が生じた部署などを説得し、国益のために問題を極力小さくするのが政府の役割ですよ。にもかかわらず、文在寅政権は逆に煽っている。

武藤　そうです、煽っている。そもそも、最高裁長官をはじめとする判事については、自分たちと同じ認識を持っている左翼裁判官を新たに任命。前任の長官は、徴用工問題でもスムースに判決を下そうとしなかったとして逮捕している。国家情報院といった対北諜報機関にも、かつて学生運動で逮捕された面々が幹部になったりしている。保守派の大統領が当選したら、そういう左翼偏向人事は多少は是正されるかもしれませんが、あと三年も文政権が続くとしたら、時すでに遅しかもしれませんね。

李　こういう左翼路線は韓国の国益に反するものです。だから、元ベトナム大使、元ロシア大使など韓国の元外交官たちが「国益を破壊する外交をやめろ」ということで、「文在寅政権の国家安保蹂躙《じゅうりん》行為を弾劾する」という声明を出している。

日韓関係で慰安婦問題が炸裂したときも、百人近い外交官が、反日の行き過ぎを諫めるような声明を出したことがあった。韓国にも良識ある人たち、心のある人たちは、ほんとうに心配している。

武藤　韓国の国益のためにもそういう主張が出てくるのが当然でしょう。

ナチスのユダヤ人差別に匹敵する韓国の日本人差別

――しかし、韓国側は「反日」に関しては、問題をどんどん大きくしようとしているとしか思えない。人によっては、韓国にとっては日本人は「ユダヤ人」みたいなもので、差別し苛めるのが快楽になっているのではないかと言う向きもあります。その意味で、「ヒトラー＝文在寅」「ナチス国家＝韓国」「ユダヤ人＝日本人」ではないかとも……。

李　日本では、「在日韓国人・朝鮮人は出て行け」云々といった、民間人レベルの一部のデモの言動が「ヘイト」だと批判されたり、『W・i・L・L』のような雑誌の論調を「ヘイト」だと決めつける向きがありますが、韓国の先述の「天皇謝罪要求」や、あとで触れる「レーダー照射」問題などは、国家・政府レベルの「ヘイトアクション」ですよね。どちらが許されない「ヘイト」かといえば、それは韓国側のほうになりますね。ただ、文在寅大統領がヒトラーとまでは……。でもそうなる危険性を孕んでいます。

――ともあれ、今年（二〇一九年）二月十五日、韓国元徴用工訴訟の原告側代理人が新日鐵住金本社前で、すでに差し押さえている韓国内の同社資産の売却、現金化の手続きをはじめると宣言しましたね。

さらに、三月十四日には、三菱重工に対する元徴用工訴訟の原告側弁護士が、国連人権高等弁務官事務所に元徴用工や遺族の書簡を送ったりして、国連に問題提起する考えを明らかにしました。韓国側は、例の如く、「人権問題」として国際社会に訴えて、日本企業や日本政府を圧迫しようとしています。

実際、差し押さえた資産を売却するとなったら、日本側としてはどう対抗するのでしょうか？

武藤　そうなったら、李さんがさきほど言われたように、第三国の委員を含む「仲裁委員会」や国際司法裁判所に提訴することになるのですが、韓国は絶対に勝てるという自信がないから両方とも行かない。もし負けたら、文在寅政権がガタガタになってしまう。だから、韓国はそういう場には出ない。

すると、日本としては、それ以外の何らか措置を取らなければいけないから、経済的な対抗措置を取ることになってしまう。日本も韓国経済を一層悪くさせるような措置を取らざるを得ないのではないか。

――半導体のもとになるフッ化水素があって、高純度のフッ化水素を作れる技術はほぼ日本にしかないそうですね。これを韓国に対して輸出禁止にすれば、サムスンも何もできなくなる。日本側が「もし差し押さえをしたら、日本はフッ化水素を供給しないぞ」といった脅しをする？

武藤 現実問題として、それは、なかなか難しいと思う。フッ化水素の輸出を止め、韓国経済が決定的な打撃を受ければ、せっかく親日的になった韓国人も、戦前日本は韓国を軍事力で支配したが、戦後は経済で追い詰めるのかという反応になり、再び反日になりかねない。日本にとっても得なことはありません。また、日本企業にも打撃となることは必定です。ただ、韓国の無体な行動をやめさせるにはそこまで覚悟する必要が出てくるかもしれない。その場合のやり方として、一気に全面禁輸でなく、段階的に強めていく手はあるでしょうが。

李 文在寅大統領は、そういう事態が起きうるということを理解できないと思います。

――サムスンを潰してもいいと思っているのですか？

李 今のようなことをやっても、彼の任期中に、そこまでの破局は訪れないと思っているんでしょう。韓国経済が完全に潰れるようなことはない。逆に国民には「日本が悪い」というイメージを強く印象付けて、経済は少しダメになっても、政権の支持率は「反日」

効果で高くなる可能性がある。

武藤 たしかに韓国国民の支持は集めるでしょうね。しかし、実際に経済は、そんなにもたないのでは?

李 そう思いますが、韓国人は現実を直視しようとしない。なんとかなると思っている。

――それにしても、元徴用工問題について、日本側が日韓請求権協定に基づく政府間協議の受け入れを求め続けても、韓国側はいっこうに具体的な回答は示さない。麻生財務相は、賠償を命じられた日本企業の活動に実害が出れば、日本としては、送金停止やビザ発給停止などの報復措置を検討する必要があると述べていますね(二〇一九年三月十二日の衆院財務金融委員会で)。このままだと、資産売却は行なわれる?

武藤 先述したように、地裁などで差し押さえが認められてきているから、その次には売却が行なわれるでしょうね。そうなると、麻生発言通りに、日本は韓国に対してビザ停止や送金停止措置をする可能性も出てくるでしょうが、大きな効果を上げようとすれば、それだけ韓国の人たちを敵に回すことになりかねません。私は韓国に対する措置と文在政権に対する措置を分けて考えてもいいのではないかと考えています。

例えば、あとで詳しく述べますが、文在寅政権の北朝鮮に対する北朝鮮への経済制裁破りの事実を国際社会の場で、正々堂々と叩いていけばいい。フッ化水素は戦略物資だから止めようと思えば止められるけれど、将来の日韓関係を潰すようなことは、本当はやるべきことではないと思っています。

李　今、韓国は米朝の決裂で、文在寅政権は、非常にまずい立場に立っていると思います。北朝鮮と連携を深めて、日本と百年の積弊をすべてきれいにするという「親北・反日」戦略で来たのが、すべて狂ってしまっています。

だからこれ以上、日本と問題を起こしたりすると、アメリカとも距離が遠くなってしまうし、今の韓国は北朝鮮ともあまり連携できることもない。文在寅は一刻も早く誰が敵で誰が味方かに気づくべきですね。

レーダー照射は日本を敵とみなしているから

――徴用工訴訟に続いて、事態が動いていないので、今やちょっと古い話題になってしまった感があるのですが、昨年（二〇一八年）十二月二十日、自衛隊P1哨戒機に対するレーダー照射事件が発生しましたね。レーザーを照射してロックオンしているということは、「今から攻撃しますよ」という合図ですね。

李　韓国政府は「北朝鮮漁船に対する人道的救助活動を行っていた」と主張し、自衛隊機がそれを邪魔したからやったというわけですね。

武藤　しかし、その割には不可解な点が多すぎる。

李　北朝鮮漁船のまわりには、韓国海上警備隊の警備艇二隻が挟み込む形で展開していました。さらに、そこには韓国海軍の駆逐艦もいた。なぜ、小さな漁船の救助のために駆逐艦まで駆け付けたのか。

武藤　しかも、救助した三人をすぐに北朝鮮に返しています。通常であれば、入念な取り調べを行うはずでしょう。

李　また、彼らが救助されるときにＳＯＳを出していたのかどうかの説明もありません。

武藤　仮にどこからも情報がなかったとしたら、日本のＥＥＺ（排他的経済水域）内でよく見つけたなと思います。

李　現場の写真を見ると、Ｐ１哨戒機は肉眼で見える位置にいるので、レーダーを照射する正当な理由は見つかりません。照射時間も長く、意図的であることは明らかです。なぜ警備艇と駆逐艦が三隻もそこに集まっていたのか、レーダーを照射する必要があったのか、現場で何があったのか、韓国は説明する責任があります。

いまだに不思議なのは、駆逐艦が海上で何をしていたか。また、普通の北朝鮮人であれば、救助した三名の身体検査をする。さらに一応記者会見もするのに、それもせずに、すぐに帰している。取り調べも二日ほどで終わるとは思えない。不自然なことばかりです。

武藤 あれ（レーダー照射）は艦長が独自に判断して意図的に行ったことですよ。だから、まず艦長は処罰しなければなりません。そして、再発防止に努めるという公式声明も出さなければなりません。

李 最初は「単純ミス」だったと誤りを認めていましたが、その三日後に開き直って「レーダー照射はしていない」と、主張を一転しましたね。

武藤 しまいには日本側の挑発的な低空飛行だと主張して謝罪まで要求してきましたからね。ひとたび嘘を言うと、さらに嘘を言い続けないといけなくなる。

李 事実を無視した上で、次は「イメージ操作」によって、責任を日本に転嫁しています。韓国側は「日本の自衛隊哨戒機が低空飛行してわれわれを威嚇し、われわれの人道的救助活動を妨害した」と言っています。

武藤 まさに「ディスインフォメーション」「イメージ操作」ですね。P1哨戒機の全長と海面からの距離を比べれば、自衛隊機が百五十メートルの低空飛行をしていたとの説明は嘘だとわかるはずです。

李　韓国が発表した「反論動画」は、わざわざ壮大なＢＧＭを流し、合成写真が使われていました。反論動画は韓国側が撮影したのは十秒程度で、ほとんど自衛隊が公開した動画を引用していましたが、韓国側にとって不利になる部分はカットしています。自分たちの行動に正当性があるなら、わざわざカットする必要もないでしょう。

いかにも韓国は人道救助という善意のことをやっているのに、日本がそこを妨害したというイメージ操作をしている。ＢＧＭには笑ってしまいました。大げさに誇張するあたり、本質をぼかして何かを隠したかったからでしょう。

武藤　アメリカは自衛隊と情報を共有しているはずですから、「韓国がおかしい」とハッキリわかっているに違いありません。ひと昔前であれば韓国に対して「いい加減にしろ」と言っているはずですが、今回、韓国は「何を言っても聞かない」ということで放ったらかしている。

李　文在寅政権の安全保障戦略は、北朝鮮にベースを置いています。事実、二〇一八年版の国防白書からは「北朝鮮は敵」という記述が削除されていました。また、日韓関係について前回版までは記述のあった「韓日両国は自由民主主義と市場経済の基本価値を共有している」という表現も消えました。

この点を踏まえて、レーダー照射後の対応を見ると、北朝鮮との関係を密接にするために「われわれも北朝鮮と同じく、日本を敵と見ていますよ」という姿勢をアピールしたのではないかとさえ疑ってしまいます。

また、「日本側、安倍政権が支持率を意識して、この問題を公表した」と言っている韓国メディアもあります。

武藤 バカバカしい。韓国を叩いたからといって、安倍政権の支持率上昇にはつながらないですよ。

韓国政府の言うことは「大本営」発表以下

李 韓国の日本に対する言動は、もはやパターン化されています。要は「事実を直視しない」ことです。

武藤 「事実を直視しない」ということでは、今回のレーダーの照射問題で、四六%の韓国人が、「日本にもっと厳しく当たるべきだ」という意見だと言われますが、これは一般の韓国人の本心ではないと思う。

李　質問の仕方もあるかもしませんね。

武藤　質問の仕方というよりも、韓国のマスコミが韓国政府に気づかって、「日本が悪い」とばかり報道しているからです。

李　今、メディアはほとんど文在寅政権にへつらっている状況ですからね。

武藤　朝鮮日報と中央日報は多少反発している。そのために、朝鮮日報と中央日報に対する締め付けがそうとうに強くなっている。両社のような大きなメディアでないと、文在寅政権に対抗できない。

李　韓国のメディアは、こういうことがあったときに、事実を伝え追及することに、あまり熱心ではない。

武藤　レーダー照射問題をめぐる韓国政府の発表は、かつての日本の大本営発表と同じです。それを韓国の人たちが、みんな信じ込んでいるから、「日本にもっと強く当たるべきだ」という人が四六％という変なことになる。正しい情報が伝わっていて、日本が正しいと思ったら、韓国の人たちもさすがに、そうはならないでしょう。

李　二十万ウォン（約二万円）を超える小中高校の日本製品に対して「日本戦犯企業」ステッカー付着を義務づけようとする京畿道《キョンギド》議会の条例案に対しては、さすがに韓国内からも批判の声が上がりましたね。

「中央日報」にも、「反日感情の助長は三・一精神に背く」という、こんなコラム記事が配信されています（二〇一八年三月二十五日）

　最近韓国で見られる反日感情の助長は三・一精神に真っ向から背く。先制的に愛・正義・平和を実践するのでなく、先制的に日本を排斥しているからだ。二十万ウォン（約二万円）を超える小中高校の日本製品に対して「日本戦犯企業」ステッカー付着を義務づけようとする京畿道議会の条例案は効果がないうえ、日本の反発を招く事案だ。日本の経済的報復と共に韓日米安保連携の亀裂を呼ぶため、墓穴を掘るような行為だ。

　全国十七の市・道教育庁のうち十の教育庁が校歌の作詞・作曲者の親日履歴を調査して変更するというのも度が過ぎる。作詞・作曲者の親日履歴は民族問題研究所が二〇〇九年に出した『親日人名辞典』登載を基準に判断する。問題は親日選定基準が恣意的だという批判があるうえ、歴史的な人物に対する評価を親日という基準で画一化するのも問題がある。こうした動きは崔章集《チェジャンジプ》高麗大名誉教授が指摘したように「官製民族主義」といえる。

中国は大躍進運動・文化大革命で数千万人を犠牲にした毛沢東に対して「功が七〇％、過が三〇％」と評価する。日帝三十五年間の一断面だけを見て歴史的な人物を親日と罵倒するのは我々の歴史を狭めるだけだ。孔子は「君子は言を以て人を挙げず、人を以て言を廃せず」と言った。親日の履歴があるという理由で良い作品を捨てるのは望ましくない。

日本との関係悪化は韓国と日本の両国にプラスにならない。北核脅威の解消と中国の浮上への対応、韓日米安保連携にマイナスの影響を与えるからだ。韓日関係は安倍政権の登場以降、日本の右傾化で下降線をたどっている。さらに文在寅《ムンジェイン》政権の発足後、慰安婦合意文が事実上破棄され、韓国最高裁が強制徴用賠償判決を出したことで、さらに悪化している。

日本との関係を正常化するにはまず過去の問題を解決する必要がある。韓日は、関係の悪化は両国にプラスにならないという事実を直視し、真摯に過去の問題の解決を模索しなければいけない。申《シン》ガク秀《ス》元駐日大使は「両国の最大の懸案となった慰安婦問題と強制徴用問題の一括妥結を図るべき」と述べた。またシャトル首脳外交を含む政府と民間の多様な交流を定例化する必要がある。そうしてこそ事案が発生した時に感情的に対応せず、対話で解決できる雰囲気が形成される。

壬辰倭乱（文禄・慶長の役）後、『懲ヒ録』の著者・柳成龍は「日本との和平を失うべきでない」と強調した。三・一運動百周年を迎え、韓日関係が最悪に向かう今、文在寅大統領はこの言葉を深く考えるべきだろう（チョン・ジェホン／コンテンツ制作エディター／論説委員）。

武藤　安倍政権によって日本が右傾化している云々との指摘は納得できませんが、それはともかくとして、こういう冷静な対日観や視点を持った韓国人が一人でも増えてほしいですね。

「日本戦犯企業」ステッカーなど、文在寅政権の戦犯追及行動に悪乗りして、いい顔しようとする地方議員の当て擦《こす》りです。文政権の体質がこうした行動を助長するのであり、まず大統領が反省すべきです。

そもそも、大統領が親日清算などと言っていることは国民の分断です。大統領は国民の融和統合を図るのが筋ですが、これと反対のことをしている。文大統領が親日と言っている人々は戦前の教育を受けたインテリであり、朴正熙政権の経済発展の功労者でもあります。こうした人々を排斥することが大統領のするべきこととはとても思えません。

今の問題を過去と無理やりつなげる韓国

李 レーダー照射問題も元徴用工問題も慰安婦問題も、過去とつながっている問題です。韓国の人たちは、こうした事件が発生すると、すぐに過去と無理やりつなげる。日本が過去に悪いことをしたから、日本に非があるということになる。

韓国は、過去の誇張されすぎた「植民地体験」によって、現在進行中のすべての問題で優位に立とうとして、日本に、強く出てもいいという甘えがある。現在の問題が、過去と何ら関係がないとは考えられない。

武藤 今の日韓間で発生する問題も、すべては「植民地体験」から考える性向が韓国人にはある。それが韓国人のメンタルの底にあるから、「日本は軍国主義化する」と、いまだに主張している。

そこが一番の問題。だから、旭日旗（二〇一八年十月十一日、韓国の済州島で文在寅大統領が出席し、国際観艦式を開いたが、そこで、旭日旗の掲揚自粛を求められた海上自衛隊の護衛艦は参加を見送った）の問題やレーダー照射問題が生じるし、ジーソミア（GSOMIA＝軍事情報包括保護協定　軍事秘密の漏出防止のための協定）についても、締結直前の土壇場で反対したりした。

日本が軍事大国化するということを、韓国のマスコミが言い、政治家が言う。韓国国民は、そうではないという意見をまったく聞く機会がないから洗脳されてしまうわけですよ。

李　知識人やマスコミ人の中にも、真面目な顔をして、「日本が軍国主義に走っている」と言っている人たちがまだいますね。

武藤　あくまでも、一部の人ですよ。多くの人ではない。ただ、大手のマスコミが言うから韓国ではすぐこれに飛びつく。反省してもらいたいです。それにつけても誰かが日本の軍国主義化を言うと、それに反論する人が韓国内にはあまりいない。そこが、韓国の悪いところ。稀に「日本はそうならない」と反論すると、「おまえは親日か」と叩かれる。

李　韓国のさまざまな問題は、事実がどうであれ、「過去がこうだったから」という変な飛躍があって、論理的ではない。

武藤　論理的ではないですね。

李　「事実」「真実」を尊重しない。これが韓国の一番の問題なんです。学者もメディアもそうです。

武藤　何かあるとすぐに「日本は戦前、韓国を植民地にしたから、こうなっている」ということに帰結してしまう。日韓の歴史共同研究のさ中、日本の学者が「事実はこうなのだから、よく見てほしい」といったら、韓国側の出席者は「あなたは韓国を愛していないのか」と聞いたそうです。韓国の歴史研究というのは、あくまでも韓国人の考える正しい歴史があって、事実はこれを後押しするものだけ取捨選択して当てはめていくということだと聞いたことがあります。

李　常にそこにつなげる。単細胞なんですかね（笑）。

武藤　事実を常に曲げるんです。

「総会屋」のような市民団体が跋扈している

武藤　慰安婦の問題についても、なぜこういう問題が起きるかというと、「挺対協」（「韓国挺身隊問題対策協議会」 従軍慰安婦問題の解決を目的として結成された韓国の市民団体、毎週水曜日の大使館前デモを組織。「償い金」や「癒し金」の受け取り拒否運動を展開）が、「慰安婦の歴史はこうだった」という捏造されたストーリーをつくっているからです。

そのストーリーの背景となるのは、慰安婦だった人たちを挺対協がヒアリングしたものを根拠にしているというのですが、彼らは自分たちの都合のいいものだけを取り出して、それをガチャンとホッチキスで止めているだけなんです。

これに対して、世宗大学校日本文学科教授の朴裕河《パクユハ》氏が、『帝国の慰安婦』（二〇一三年韓国版出版、二〇一四年日本語書き下ろし　朝日新聞出版）という本を書いた。彼女はいろんな文献に当たって調べ、いろんな人からも話を聞いて客観的に書いている。そういう学術的な書物に対して、自分たちの主張と違うからと排斥する。

李　活動家の李玉善《イオクソン》氏が元安婦たちと一緒に、名誉棄損で同書の出版差し止め、損害賠償を訴えましたね。結局、二〇一七年十月に、ソウル高裁が罰金千万ウォンなどとする判決を朴氏に言い渡した。

武藤　要するに事実なんか、どうでもいい。自分たちの主張に合った事実しか認めないという、韓国の市民運動グループの狭量な、偏った政治姿勢が如実に示されていますよ。

李　「挺対協」や韓国の市民団体の問題は、それが職業となっていることです。慰安婦問題を解決するために挺対協が存在するのではなくて、その問題を素材にして、永遠に組織を拡大して、そこにぶら下がって生活する人たちのためにあるのです。

――北朝鮮が背後にあるとは、よく言われますが？

武藤　そのとおりです。

李　韓国の市民団体は、北朝鮮と連携を組んで活動したほうが話題にもなるし、勢力が大きくなる。挺対協がほんとうに元慰安婦のおばあさんたちに同情的であれば、とうてい考えられない対応をしてきている。

　韓国の市民団体というのは、企業を相手にした「当たり屋」のような団体が多い。それでうるさいからと、企業が賛助金を出す。そのようにして、逆に問題を複雑化してきた。

武藤　日本でいえば総会屋のような感じですね。日本が元慰安婦に見舞金を支給するため設立した「アジア女性基金」から、二百万円の見舞金を支給し始めた時、挺対協が割って入り、日本の見舞金を受け取らせないようにするため、韓国政府から補償金を支給させました。しかし、日本から既に受け取った七人の元慰安婦は排除し、むしろいろいろ嫌がらせをしたそうです。私が、挺対協の一員であれば、日本の見舞金は突っ返させ、韓国政府の補償金を渡していたと思います。要するに、どこまで元慰安婦のためを考えていたか疑わしいということです。こうした行動を取るのは、慰安婦支援団体というより、政治団体と考えるべきでしょう。

李 そうです。問題を複雑にして、難しくしたほうが、その市民団体にとっては、利益になる。そういう活動をしている団体が多い。

韓国の一部には、このような形で市民運動を激しく戦って政治活動を展開したほうが、せっせと汗を流して働くよりもいいという文化がある。実際、韓国で今一番いい思いをしているのは「三八六世代」（一九九〇年代に三十代（三）で、一九八〇年代（八）に大学生で民主化学生運動に参加していた者が多い一九六〇年（六）生まれを指す）の人たちで、彼らが名誉回復して国家から途方もない巨額な補償金を貰い、政治任命によって官庁で出世している。

司法に介入する文在寅政権

――元徴用工問題で、韓国政府が三権分立を主張して、「司法の決定だから」ということを言っていました。しかし、その前に一九六五年に結ばれた「日韓基本条約」というものがあって、国際条約というのがあるのではないですか？

武藤　条約と国内法のどちらを優先するかは、国によって司法制度が違う。日本であれば、条約が当然優先です。ヨーロッパの国の中には国内法を優先する国もあります。だから一概に韓国が「司法を優先するからいけない」とは言えない。ただし、文在寅大統領が司法行政に介入しているところが問題です。

李　そうですね。外堀を埋めて、こういう結論を導き出していると疑わざるを得ない。武藤さんが先ほど指摘されたように、最高裁判事を次々と入れ換えて左翼法廷にしたのは文大統領ですから。

武藤　それで自分が責任を取らないで、「司法がこういう決定したのだから、行政府であるわれわれはどうしようもない」とうそぶいているのはけしからんことですよ。

李　こういう問題に踏み込んで、リーダーシップを発揮して問題を解決するのが大統領の仕事ですよね。文大統領はそれを回避している。卑怯です。

武藤　そもそも最初に、「個人の請求権は解決していない」と言ったのは文大統領です。さらに、こういう判決を導き出すべく、日本の最高裁に当たる韓国大法院の長官に、左翼色が強く、大法院裁判官の経験すらない地方裁判所所長だった金命洙《キムミョンス》氏を任命した。しかも、自分が気に入らないからと、徴用工裁判の進行を遅らせたという容疑で前の大法院長官の梁承泰《ヤンスンテ》氏を逮捕（二〇一九年一月二十四日）させている。逆に、不正な世論操作をしたとして、大統領側近の金慶洙《キムギョンス》慶尚南道知事に有罪判決を言い渡した地方裁判所の判事を与党議員たちが弾劾しているのを黙認している。つまり、文在寅大統領は「俺の言うことを聞かなかったら、こんな目に遭うんだぞ」ということを見せつけている。だから、「司法の判断には従う」けれど「司法の判断は、自分がつくり上げるよ」と言っているようなものです。

李　あらかじめ、判決すべき内容のガイドラインを出しているようなものでしょう。

文大統領は「ちゃぶ台返し」がお得意！

――個人への補償が終わっていないというのは、「日韓基本条約」に瑕疵があったということですか？　あるいは、条約とは別の話だと言っているのですか？

武藤　日韓基本条約で、韓国は個人の請求権を放棄した。個人に対する補償は、あとは韓国政府が責任をもって行うと約束したのです。だから、本来であれば、個人が請求するのであれば、先述したように、韓国政府に請求しなければいけない。しかし、そうした事実は韓国メディアではほとんど報じられていません。国民はそうした合意があったことは全く知らされていません。

李　たぶん、日本政府はそういうことを予想したから、まとめておカネを払うから、韓国政府が対処しろということにしたわけですよ。

――そのカネによって、韓国は「漢江《ハンガン》の奇蹟」と言われる経済復興をしたわけですね。

武藤　あの当時の状況はというと、アメリカはベトナム戦争でそうとう疲弊していたから、韓国の面倒を見るのも大変だし、「日本とうまくやって日本から戦後補償を取れ」と言ったわけです。

それで朴正熙《パクチヨンヒ》（一九一七～一九七九年、一九六三年～一九七九年大統領）が交渉して、個人に賠償・補償するよりも、自分たちが処理するから、日本には、自分たちにカネをすべてまとめて一括してということになった。自分たちは、そのカネで経済を発展させ国民を豊かにしていく。個々人の補償は、韓国政府が個別にやるというのが当時の日韓政府の合意だった。

李　賠償金と借款で八億ドル（「独立祝賀金」と「発展途上国支援」として無償三億ドル、有償二億ドル、民間借款三億ドルの供与・融資）を払いました。いまのように、日本の外貨準備高が一兆ドルもある中での八億ドルだったら別ですが、当時の日本の外貨収入が十四億ドルしかなかった。

武藤　だから当時の日本にとってはかなりきつかった。しかも、そのあと毎年、定期閣僚会議を開いて、ＯＤＡなどで、何百億円も韓国に出している。そういう意味では、韓国に対して、日本はかなりのことはやってきている。

李　その辺の事実を、韓国の一般国民はほとんど知らない。今の感覚からすると、韓国は「それだけの金持ちが八億ドルしか出してないのか」と言うけれど、当時の国家予算の半分以上を出している。それが韓国人にはわからない。

武藤　七六年当時私は、在韓大使館で経済協力を担当していました。日本以外の国が行った経済協力はマスコミが報道するのに、日本の協力はほとんど報じられない。別に感謝しろという意味ではないですが、何かおかしいのではないかと思いました。しかも、当時の稲山嘉寛新日本製鐵会長（一九〇四〜一九八七年　新日鐵の初代社長、会長）は、浦項製鉄（現ポスコ）をつくるときに協力した。韓国側が、世銀もアジア開発銀行も協力してくれないからと、稲山会長のところに泣きついて来た。稲山会長は、「日本は韓国を植民地にしたから協力しなければいけない」と協力したんです。

それが今回、ポスコと新日鐵住金の合弁の株式を差し押さえして資産を売却しようとしている。「恩をあだで返す」ようなものですよ。そんなことが人の社会で許されますか。国際条約に瑕疵があるのかどうかという問題ではなく、文大統領は「歴史の見直し」と「積弊の清算」を唱えているので、そういう過去の日韓政府の合意をすべて引っくり返してやろうとしている。

李　すべてをやり直すのが彼のやり方です。ちゃぶ台を引っくり返すようなものでしょう。

武藤　とくに、かつての軍事政権（朴政権など）が、日本との関係でやったことは全部引っくり返してやるということです。そういう意味で言えば文在寅政権は「革命政権」だと思えばわかりやすい。

李　自分で「ロウソク革命政権」と言っているのですから。革命政権というのは、すべてを引っくり返すので、今回は「政権交代」ではなくて「体制交代」なんですよ。日本でいえば、共産党の志位委員長が首相になったようなものでしょうね（笑）。そう言えば、日本人も「なるほど」と分かる。

すべての起点は「日本が植民地統治をしたから」

李　トップリーダーのせいもあるけど、韓国人は「日本が植民地統治をしたのが諸悪の根源だ」ということにして、物事を公平に事実を踏まえてきちんと見ようとしない傾向が強いのは間違いない。

先述の「三・一」のときも、文在寅大統領が百年前に「約七千五百人の朝鮮人が殺害され、約一万六千人が負傷した」と犠牲者数を言っています。それに対して、日本側では違うのではないかと反論が出た。そのことを、韓国のメディアでは、日本が数字にまで文句を言ったと問題にしている。

でも、歴史研究では犠牲者数は可能な限り、事実を追究するのは当然のことで、誇張した数字を出すのは厳禁です。実際、韓国の国史編纂委員会（韓国の国立機関）が今年（二〇一九年）二月二十日に最新の研究成果を発表した数字では九百三十四人でしたね。ところが、ソウル大学出身の民情首席秘書官・曺国《チョグク》氏は、二万人ととんでもない数字をあげている。三桁も違う。ただ、少なくとも大統領なら、国立機関の数字を踏襲すべきでしょう。

日本側は今まで「植民地時代のことは日本が悪かったのだから、こまかい犠牲者の人数にはめくじらたてずに、日本が悪かったと謝罪すればいいのだ」と対応してきた。しかし、日本人だろうが、韓国人だろうが、百年たっているので、少し距離を置いて、事実を正確に追及することが必要でしょう。

武藤　それはそのとおりだと思う。しかし、七千五百人だったか九百三十四人だったのかという数字の根拠はなかなか出てこないでしょうね。南京事件の被害者数も、数千人から三十万まであるのだから。

李　しかし、大統領という職にいる人は、歴史で結論が出ているものでさえも、慎重にならざるを得ない。それにもかかわらず、文大統領は、自分の知識の範囲内で勝手に口にする。これは国内的にも問題があるし、国際関係においても問題がある。彼には、そういう配慮というか知的な認識が大きく欠如しています。そこが極めて残念です。大統領の職にある人が、スタッフが書いた数字なのかわかりませんが、いいかげんな数字を安易に使うべきではない。

武藤　公的の場で、言うべきじゃない。そもそも大統領が歴史の解釈を決めようとしてはいけない。文大統領はその大原則を完全に曲げているのです。

李　事実関係の議論を避けて、政治家が喧嘩になるような材料をつくり出してはいけないですね。相手国とそういう議論があるのであれば、政治はその辺を丸く収めて、二国関係を毀損しないような方向で考えなければいけない。

文在寅政権とは、もう取り引きはできない

武藤　日韓関係の諸問題で、事実をきちんととらえていないのは、明らかに韓国側です。先述したように、慰安婦問題にしても、朴槿恵《パククネ》大統領時代の二〇一五年十二月に「慰安婦問題の最終的かつ不可逆的な解決を確認した」と日韓合意で解決したはずです。

二〇一六年八月に履行され、当時七八％の元慰安婦の人たちは日本からの見舞金を受け入れています。受け入れていないのは約二割です。その人たちは文在寅大統領に近い立場の人です。ところが、文大統領は、「すべての人が受け入れていない」という言い方をする。そこに文政権の問題がある。

しかも当時、朴槿恵大統領は、合意ができてから、すべての慰安婦と接触した。それまでは挺対協やナヌムの家などに住んでいる、いわゆる集団生活をしている元慰安婦しか会ってこなかったから、「日本はけしからん」と言っていた。

合意を受け入れた人たちにとってみれば、文政権のような対応が果たしていいのかどうか。この問題を早く過去のものにして、日本のお詫びを受け入れて、安らかな老後を送りたいと思っている人が、ほとんどだと思うんですがね。

そういった人たちの気持ちをまったくないがしろにしているのが、今の文政権です。数字についても、誇張して自分たちに都合のいいことしか言わない。その姿勢が、日韓関係を悪くしている。

李　日本側にも、今まで事実について、あまり争おうせずに、適当に対応してきたという問題もあります。

武藤　いや、適当に対応してきたということではありません。日本側は、日韓関係がほんとうに大事だと思ってきたから、日韓関係を悪くしないようにと慎重に対応しすぎたきらいはあったとはいえます。私も外務省で四十年間、日韓関係をやってきたからよくわかっています。

日韓の歴史対立を政府間で議論しても埒が明かないので、そこは、学者・専門家による「日韓歴史共同研究」で処理しようとしましたがうまくいかなかった。韓国はドイツが歴史問題で和解したと言いますが、それは国民感情を横に置いて事実を探究しようということで合意があったからです。しかし、韓国側の出席者は、前にも述べたように、韓国の国民世論の代表としてふるまい、事実の探究よりも韓国の国民感情を尊重せよと言ってきたのです。そのため、結果として、日本側が必要以上の妥協や譲歩をしてきた面はあります。反面、その副次効果として、日本に対して、それなりに親しみを持つ韓国人も増えたのは事実でしょう。韓国からの観光客や日本の大学に留学する人や日本企業に就職を希望する人も増えた。

これから先は、日本も韓国に対して他の普通の国との外交と同じように、お互いに認め合うことは認め、譲り合いつつも、主張すべきは主張するという外交をやっていく、そういう習慣をつくっていかなくてはいけない。そういう意味では、慰安婦合意は非常に良かったと思っていた。ところが、何度でも指摘しますが、それを一方的に引っくり返したのが、文在寅政権なのです。

だから、文政権とは、もうまともな取り引きはできないと思います。

「反日」に反論出来ない韓国保守派のディレンマ

武藤　日韓は近年、経済的、文化的な結びつきが強くなり、とくに若い世代は、かつての日本の植民地支配云々など余り深刻には考えていません。朴政権時代に、左翼色の強い教科書も修正されるようになっていました。しかし、文在寅政権が誕生して、それがぶり返してしまった。今後が心配です。

李　なぜ文在寅政権がこれほど「反日色」を強めているのか。

それは文大統領のキーワードが「積弊清算」だからです。つまり、革命政権ですから、長年積もりに積もった悪いことをすべて清算するのを最大の政治課題とみなしている。

国内では朴槿恵前政権だけではなく、朴正熙、さらに李承晩《イスンマン》（一八七五年～一九六五年　韓国の初代大統領　在位一九四八～一九六〇年）まで遡って、保守政治の「遺産」を清算しようとしている。

武藤　いや、もっと昔じゃないですか（笑）。一九一九年の三・一独立運動が大韓民国のはじまりだと言っているのだから。

李　たしかに、文在寅政権は今年（二〇一九年）三月一日で「建国百周年だ」と盛り上がっていた。

武藤　北朝鮮と一緒になって祝おうという狙いだった。しかし、北朝鮮は抗日パルチザンを建国の祖としている訳で、三・一運動や上海臨時政府でない。したがって北朝鮮にとっては一緒に祝うことではないのです。

李　先述したように、文在寅大統領は、北朝鮮との民族共同の行事を目指していましたが、北朝鮮側は、事前に共同行事の開催が困難であると通報しました。二月二十七日、二十八日の米朝会談を控えていて、それどころではなかったこともあるでしょうが、北朝鮮にとっては、三・一はそれほど重要な日ではないということです。

三月一日当日の式典には文在寅大統領が出席し、市民一万人が参加して、「親日清算」が主張されました。かつて日本の植民地支配に協力した、「親日」の人たちの影響が今なお残っていて、それが韓国社会でさまざまな問題を起こす要因だと主張して「親日の残滓を清算しなければならない」と強調しました。韓国の良識のある元高官は、「今年は反日に明け暮れる一年になる」と嘆いていましたよ。

武藤　それは韓国の将来のためにもなりませんよ。

李　文大統領は、とにかく旧来の保守政権と、親日派だった軍部政権の行ったことはすべて清算しようとしているんです。

武藤　文大統領は積極的に日韓関係を破壊しようとまでは思っていないでしょうが、彼の考えを追求していけば、日韓関係がますます悪くなるのは至極当然です。

とくに、軍事政権と親日派と日本の三者は悪者として同一視されるので、軍事政権当時に結ばれた日韓基本条約や請求権協定は真っ先にやり玉に上げられる。

李　これらの成果を全面否定するのは韓国の自殺行為にほかならないのですが、文大統領にとって、慰安婦問題、元徴用工問題などは、すべて積弊なんです。これをこの際、自分の政権で、ぶり返して左翼型価値観で「清算」してしまうというのが、文在寅という人の国政哲学なのです。

しかも、「反日」は文在寅大統領の政権基盤を強くしてくれる。「反日」は、大統領を支持する左派はもちろんのこと、保守派も「親北朝鮮」「容共」は批判しても、「反日」に関しては表立って文句を言いにくい。左派が保守派を攻撃する一番の口実は、「保守派＝親日」ですから。

だから保守派は、文在寅大統領が日本に対して強い姿勢を見せること自体には反対できない。むしろ逆に、大統領の対日政策には同調せざるを得ない状況もある。日本が強く反応して、日本と言い合いになればなるほど、文大統領には都合がいい。そこが韓国保守派のディレンマでもあり、日本の保守派が韓国の保守派と共闘しにくいところなんですよ。

文在寅は「似非人権弁護士」

李　ところで、武藤さんは、実際に文在寅大統領と会ったことがありますね。

武藤　大使時代、二〇一二年の大統領選のときに、一度だけ会ったことがあります。朴槿恵大統領と選挙戦を争っているときです。「お会いしたい」と申し出たのですが、なかなか会ってもらえなかった。「どこでも行きます」と言ったら、ようやく「釜山《プサン》に来い」と言うので、そこに行きました。

彼の気を多少なりとも引こうと、彼が尊敬する故・盧武鉉《ノムヒョン》（一九四六〜二〇〇九年、二〇〇三〜二〇〇八年大統領）元大統領の墓前に花を捧げて、「こういうことをやってきました」とか、日韓の重要な関係をいろいろ説明したのですが、それに関しては、彼からは、ひと言もコメントも質問もありませんでした。

彼が唯一、私に聞いてきたのは、「日本は南北統一についてどう考えるか」「日本は北朝鮮との関係をどうするつもりなのか」ということだけです。

そのあと、私は、外務省・政府には「文在寅が大統領になったら、日本が北朝鮮とどういう関係を持つかによって、日本との関係を左右するだろう」と報告しました。

李　彼はそこしか見えていないんですよ。

武藤　彼は基本的に日本には関心がない。さきほどの年頭の記者会見のコメントは、彼の本音です。就任して一年ほど経って、やっと日韓関係についても、ひと言ぐらいしゃべれるようになったのかなとは思いましたが、内容はとんでもないものだった。「日本政府は謙虚たるべきだ」などと発言しましたからね。

李　文在寅政権の特徴を総括すれば、「真実を直視しない」「国益をないがしろにして感情に訴える」ことです。

武藤　大統領とは、政治、経済、外交、安全保障、人権、文化などを総合的に勘案して、国益を増進するのが仕事です。ところが、文在寅大統領はいまだに弁護士時代のまま、「北朝鮮」と「歴史」「人権」にしか目が行っていない。

「人権」と言っても、北朝鮮の国民の人権については、ひと言も触れない。人権弁護士と言っても、彼は「似非人権弁護士」です。

李　リベラルといっても、「反共リベラル」ではなく「容共リベラル」。北朝鮮にいる二千四百万人の人びとは塗炭の苦しみを味わっている。真の「人権弁護士」であれば、その人たちを大事にしなければなりません。そのことについては、彼はまったく触れません。

武藤　彼が、心から愛する「同胞」であれば、北朝鮮の人たちの人権について言及しなければいけないところですがね。

日米韓から北朝鮮、中国と組んだ安保戦略に転換

李　文在寅政権がこれほど日本に強気になれるのは、すでに述べたように「積弊清算」「反日が政権基盤を強める」ことのほかに、もう一つ重要なのは、すでに韓国の安保政策・戦略が、北朝鮮に軸を置いているからでしょう。

先述したように、「二〇一八国防白書」で「北朝鮮政権と軍は敵」という表現を従来の記述を割愛しました。つまり、韓国は北朝鮮を敵と見なさないことを明確にしたわけで

す。さらに「日本と基本価値共有」という部分を削除し、日本と価値を共有しないと宣言をしている。

かつて日本と韓国は、共通の敵である北朝鮮を睨んで、いやでも協力した。しかも、これはアメリカが中間に立った「三角同盟」で、日本と韓国のあいだは、間接的に「準同盟関係」であって、軍事的には、自衛隊と韓国軍は事実上の共同防衛態勢を確立してうまくやってきたんです。

韓国と日本の間で、お互いに研修生を派遣し、「軍事情報に関する包括的保全協定」(General Security of Military Information Agreement, GSOMIA、ジーソミア)も、ドタキャンとかいろいろな紆余曲折はあったけれど、二〇一六年に結んでいます。

しかし、文在寅政権になってからは、北朝鮮・金正恩と文大統領が一緒になって日本を敵とみなしている。レーダーを照射したのは、間違いなく、韓国が日本を敵とみなしている行為です。

友好な関係であれば、日本の哨戒機が現場に来たとなれば、救助活動中であれば、むしろ援助してもらえる可能性もある。攻撃のためのレーダー照射することは考えられない。北朝鮮との関係をさらに密接にするために、日本を共通の敵と見なしているという姿勢を、わざわざ北朝鮮に見せたのではないかと感じさえします。

さらには、文在寅政権発足後の二〇一七年十月、康京和《カンギョンファ》外交部長官を中国に送りました。THAAD（高高度防衛ミサイル）問題が非常に大きくなったときですね。中国に対し、「米国とMD（ミサイル防衛）は構築しないこと」「THAAD追加配備は容認しないこと」「日米韓三国同盟は結成しないこと」を約束しています。

これは完璧に日米韓軍事関係を壊すための第一歩と見るしかない。ですから、レーダー照射問題は、そうした親中・親北の安保路線が公然と表に出た事件と見るべきです。

韓国の戦後の繁栄は、日本とアメリカの海洋国家に依拠していたからこそ実現できた。ところが文在寅大統領は、そこから抜け出して北朝鮮・中国、大陸国家に近寄ろうとしている。

私は歴史を勉強してきたのですが、中国と一緒に歩んできた周辺の国々には、豊かな国は一国もありません。

武藤　チベット、モンゴルなどを、中国はいまだに中華思想で支配していますからね。

李　北朝鮮もいま中国とつながっています。文在寅大統領が目指すのは、北朝鮮と一緒になって中国勢力圏へ入ることです。それが彼の「百年の大計」ですが、それは大間違いです。そこを韓国の人びとが認識しているのかどうか。

武藤　認識していたら、こんなことさせないでしょう。韓国の国益にはなりませんよね。

李　一つも韓国には得にならない。共産主義にシンパを感じる左翼の文在寅大統領や容共勢力の自己満足にはなるかもしれませんが、安保戦略からも経済的な側面から、もちろん日本と韓国の関係から見ても、すべて韓国を孤立させる自害行為です。

武藤　私は、文在寅大統領が、日本との関係を悪くしようと積極的に動いているというところまでは行っていないと思うんですよ。日本に対してとんでもないことを言った年頭の記者会見でも、彼は日韓関係については積極的には発言しようとしなかった。言えば、さらに厳しいことを言うことになるから、あまり発言しないでおこうとしたのでしょう。冒頭に引用した記者会見の発言も、ＮＨＫ記者の質問が最後にあったので、一応答えたといった感じでしたからね。

「三・一」でも、「親日の残滓を清算しなければならない」と強調したものの、現在の日本との関係については、「朝鮮半島の平和のために協力を強化する」と、一応未来志向を強調していました。さらに歴史の問題については、「力を合わせて被害者の苦痛を実質的に癒すとき、韓国と日本は心が通じ合う真の友人になるだろう」と、それほど激しい言葉ではありませんでした。

しかし、李さんがおっしゃった積弊清算や北との関係もあるけれど、文在寅大統領はものすごく視野が狭い政治家ですね。彼の考えを追求していけば、日韓関係が悪くなるのは当然のことです。

第3章

文在寅の恐怖政治の実体

朴槿恵は「正しい生活少女」

――文在寅《ムンジエイン》政権が生まれてしまうきっかけというのは、朴槿恵《パククネ》氏が弾劾されてしまったことからですね。あのとき、日本でも、彼女が腐敗堕落した政治家だから弾劾されたんだという見方をしていましたが、どうもそうではなかったようですね。

李　最初のきっかけは、二〇一六年四月に行われた総選挙で朴槿恵大統領の与党・セヌリ党が惨敗したことです。当初は、セヌリ党が八〇％まで議席をとって大勝すると予測されていたのです。ところが結果は「共に民主党」や「国民の党」など野党が三分の二をとって、与党は惨敗した。

これは与党内の候補者選びで内紛が起こったことや、当時代表だった金武星《キムムソン》氏が代表印を持ったまま姿をくらましたなど、とんでもない内紛の様相が国民にさらしてしまい支持を大きく落としたからです。

武藤　朴槿恵大統領が与党をコントロールできなかった。

李　そこが問題ですね。

武藤　彼女は、自分が一番国の利益を考えているという誇りを持っていた。父親の朴《パク》正煕《チョンヒ》が暗殺されたとき（一九七九年十月二十六日）に、彼女が最初に言ったのは、「三八度線は大丈夫ですか？」という言葉です。「国母」として国民に慕われていた母の陸英修《ユクヨンス》氏もすでに一九七四年八月十五日に在日の男に暗殺されていたので、両親を失ってしまったわけです。当時二十七歳の娘が、自分の将来がどうなるかわからないときに、第一に国のことを心配する。それは彼女が母親の「国母」としての感覚を引き継いで身につけていたからでしょう。

その誇りの半面、彼女には「私が一番国のことを考えているのだから、あなたたちは、私の言うことを黙って聞いていればいい」といった、ちょっと驕《おご》った思いが強かったのでしょう。「私が、私が」という態度が自然に出るから、部下をうまくコントロールできないし、部下がついてこなかった。

李　以前、私は『新潮45』に「『正しい生活少女』朴槿恵の人格」というタイトルで、彼女のことを書いたことがあります。その一部を紹介しましょう。

【大統領になってからも、「正しい生活少女」の癖はそのまま残っている。

大統領府に住まいを移してからも生活習慣を変えていない。4時半に起床、各種報告書に目をとおしてからインターネットで世論の動向をチェックする。官邸から大統領執務室までは車で4分程、9時に執務室に入って夕方6時には執務室を出る。朝食も夕食も一人の場合が多い。朝食、夕食を兼ねて人に会うことの多い韓国の政界では珍しい。1800坪もある官邸に一人残された独身女性を案じて、せめて食事は一人で取らせないようにという「世論」があるほどだ。そして夜になると処理しきれなかった報告書を官邸に持参、資料を読みながら補佐官や大臣らに電話をかけるのが日課という。

いまだ家族(弟と妹がいるが)を青瓦台に招待したという話は聞かない。「一番幸せな瞬間は?」という質問に「甥のセヒョン君(弟・志晩氏の長男、今年9歳)と遊んでいるとき」と答えながらも、その甥も青瓦台に呼んではいない。

そんな彼女を「氷姫」と揶揄する人もいる。野党からは国民との意思の疎通が足りないと攻撃されることがある。

ただし人間関係の濃い韓国社会ではその冷たさが美徳になることもある。

「自分の長所は何だと思いますか?」という問いに彼女は「私利私欲にぶれないこ

と」と答えている。また「道端で1億円を拾ったらどうしますか？」という質問には「主を探して返します」と答える。

このような潔癖さ、模範的な行いを貫く姿勢が「正しい生活少女」と呼ばせる。そこには、世間知らずの「箱入り娘」という意味も含まれる。自分のやっていることが正しいと思ったら頑なにそれを守り、自分のやり方を通す。誰が何を言おうがわが道をいく。それが彼女の政治家としての魅力でもあり、欠点でもある】（『新潮45』二〇一四年二月号）

彼女は自分が正しいことをしていれば、自分が攻撃されることはないという幻想を抱いていたのかもしれません。

二〇一六年十月に表面化した朴槿恵大統領とその友人の崔順実《チェスンシル》を中心とした政治スキャンダルとそれに続く弾劾でも、自分は一銭もお金を受け取っていないし、私欲のために何もしていないということだけを一貫して主張していました。

武藤　彼女は「自分は正しい。自分は国家のことを常に考えている」という思いがあるから、「国民がそれをどう受け止めるか、どう考えているか」という視点がまったく欠落していたのではないですかね。

李　小学校の優等生がそのままおとなになり、そのまま大統領になった。実際、韓国では、彼女は「正しい生活少女」と揶揄《やゆ》されていたわけです。

彼女は、国政機密漏洩事件（崔順実ゲート事件）で弾劾されても「自分は間違ったこと、悪いことはしてないから、ちょっと我慢していれば、すぐに誤解が解け、国民が理解してくれる」と思っていたのではないでしょうか。逮捕、投獄、有罪のような状況になるとは、予想していなかった可能性が高い。

崔順実が彼女をコントロールしたという話が出ても、何も釈明・反論しないから、世間から批判を浴び、弾劾されることになった。弾劾の契機をつくったのも本人というべきかも知れません。最初は沈黙を守りましたが、メディアの攻撃が激しくなると、沈黙を貫くわけにはいかなくなり、「たしかに、大統領になる前と、大統領に正式に就任する前、演説文を崔順実に見せることもあった」と釈明しました。真相は、選挙活動期間中に、演説文を書いては「こういう表現を、国民はどう受け止めるだろうか」と彼女に聞いたことがある」という意味でしたが、韓国の人々が注目したのは事実関係よりは、「報道は本当なんだ」という印象だったと思います。朴槿恵氏は決定的なミスを犯したわけです。崔順実という女性との関係を口にしたものですから、それが決定的になった。

朴槿恵は陥れられた

武藤　疑惑のタブレットPCを見つけたと報じたのは、かなりまやかしなんでしょ？

李　最初に火をつけたのは、中央日報系のケーブルテレビ局「JTBC」のキャスターの孫石熙《ソンソッキ》氏です。左派寄りの組合出身で、意図的なイメージ操作報道や誤報を多く生産するジャーナリストで有名な人ですが、なぜか、韓国では人気が高い。彼が二〇一六年十月、「JTBCが入手した崔順実所有のタブレットPCの中身から、崔順実が大統領の演説原稿を修正していた疑惑が浮上した」と報じたのが始まりでした。私は、ずっとこの事件を追っていました。私もそうでしたが、最初、朴槿恵氏が汚職などの悪いことをするとは、韓国国民は誰も思わなかった。けれども、アキレス腱となったのは、やはり怪しい宗教家の家庭とのつながりでした。

傍に家族のいない彼女からすると、女性が必要とする用品などは、秘書に買いにやらせることはできない。だから昔から付き合いのあった崔順実に、「これ、ちょっと買ってきて」などと頼んでいたというのです。使用人の感覚だったんでしょう。

その二人の関係を、ＪＴＢＣが、「朴槿惠氏は演説文一つ、ろくに書けない無能な大統領で、演説文は実は崔順実が持っていたタブレットＰＣで直したりしたのだ」という報道をして、マイナスのイメージをつくった。そのタブレットＰＣという決定的な証拠が見つかったと報道したわけですね。それが朴槿惠大統領弾劾の起爆剤になった。

しかし、のちになって、それが嘘だというのが判明しました。テレビ局が決定的証拠だとしてテレビ画面に映し出したタブレットＰＣの画面は、実は、テレビ局が用意したデスクトップパソコンの画面でした。のちにテレビ局は、タブレットＰＣは存在するが、報道の便宜上デスクトップ画面を使ったと釈明しましたが、タブレットＰＣの入手経緯については前後矛盾する弁明に終始した。偶然記者が取材先で拾ったものだと説明したり、ゴミ捨て場で発見したと説明したりしたのですが、釈然としなかった。しかも、検察はタブレットＰＣについては捜査対象から「除外」したのです。

後に少しずつ明らかになった真相によれば、ＰＣは崔のものではなく、朴槿惠氏の青瓦台の元行政官（ＳＮＳ担当）のキム・ハンス名義のもので、一時、朴槿惠氏の選挙キャンプでＳＮＳ業務を担当するシン・ヘウォンという女性やその他の人たちが使ったものだった。その後、朴槿惠氏が大統領に就任して間もない時期に発見されるまでタブレットPCは三年以上も使われなかった。そこで、崔という女性が朴槿惠氏の演説文を直したり、国政にかかわる書類を受け取ったとするタブレッドPCは、テレビ局がでっち上げたものだという疑惑が持ち上がりましたが、韓国検察は、事実関係には関心を示さず、この件だけは捜査はしていない。しかも、朴槿惠氏弾劾の発端となったタブレッドPCを検察は、朴槿惠氏裁判の証拠物から除外した。

武藤　文在寅政権だから出せないのでしょう。

李　そうなんです。報道でタブレットPCの画面だと見せたのは、たぶんいろいろな文章が入っている古いデスクトップPCの一部を入れ替えてつくったものだと見られています。捏造もいいところ。

武藤　つくりかえたんでしょうね。今のレーダー照射の問題と同じで、都合よく材料をすりかえた。

李　しかも、決定的な証拠として出した、崔順実が直したと言われるドレスデン宣言（二〇一四年三月二十八日、朴槿惠氏がドイツのドレスデン工科大で演説した、平和統一構想）ですが、このタブレットPCには、文章を直したりする機能もなかった。だから嘘だとばれています。崔順実と朴前大統領の弁護士が、裁判所にタブレットPCを証拠品として提出するよう再三申請しても、検察と特検は応じなかった。朴槿恵氏側の弁護士は、JTBCがデッチ上げたとして「検察はJTBCや孫石熙を捜査もせず拘束もしていない」と検察を強く非難していますね。

武藤 まぁ、そういうことには、当時の文在寅氏は直接には絡んでいないですよね。だから彼を訴追することはできない。しかし、朴政権を倒すためには、文氏支援派のJTBCの孫石熙氏とそのバックの進歩派が動いていたのは間違いない。

李 朴槿恵大統領は、弾劾が一番ピークを迎えたときに、記者たちを招いて、「誰かがこういうフレームをでっち上げた」と反論したものの時すでに遅しです。彼女が最初から表に出て、テレビの前で、「実は、そういう女性が出入りはしたけれど、国政に介入した事実はない」とはっきりと言えばよかった。

朴槿恵はお姫さまだった

武藤 セウォル号沈没事故（二〇一四年四月十六日に起こった大型旅客船セウォル号が全羅

南道珍島郡の観梅島沖海上で転覆・沈没した事故）のときに浮上した「行方不明」（空白の七時間）問題にしてもそうでしたけども、朴槿恵大統領の行動について、みんな、日頃から疑っていたから因果応報の側面もあるのでしょうが……。

李　たしかに、そうなんですが、弾劾の件はスッキリしない。セウォル号沈没事故が発生した日に、朴槿恵氏は大統領府で「グッパン（굿판、韓国伝統的なシャーマニズム儀式）を開いたとか、ボドックス注射を打ったとか、外で男性と会っていたとか、様々な報道が洪水のように生産されましたが、いずれも事実ではありませんでした。後に「月刊朝鮮」という雑誌が追跡調査をして掲載した検証報告書によれば、朴槿恵氏弾劾の根拠となったメディア報道は、誤報、または印象捜査報道でした。大統領府も空白の時間帯に朴槿恵氏が何をしていたかを数分単位で公開しましたが、韓国メディアや一般国民は、もはや「事実関係」はどうでもよくなりました。みんな興奮状態にいましたから、それは仕方のないことだったとして、問題は、韓国の国会です。国会が朴槿恵大統領を弾劾するにあたって、根拠にした事実関係、十七件のうち十六件はメディアの報道を元にしたものでしたから、いかにずさんだったかがわかります。しかし、いずれにせよ、朴槿恵氏のセウォル号のときの対応は幼稚そのものでしたね。セウォル号事件発生後に空白

の時間があったとして野党とメディアの攻撃をうけたとき、堂々と何をしたかを語ればよかった。僕が集めた資料と、その後、いままで明らかになった事実関係を突き合わせてみると、その日、彼女は体調がよくなかったので官邸で資料を読みながら休んでいた。しかも、現場からの報告に混乱があって当初は深刻に受け止めなかった(一時、全員救助という報道もあった)ことで、素早く対応できなかった。結果的に大統領として対応がおくれたし、ミスを犯したと、謝れば良かったのですが……。

武藤　彼女がもう少し世論の感覚を理解できる人だったら、こういうことにはなっていなかった。

李　そうなんです。トランプ氏みたいにロシア疑惑に関して徹底的に反論すればよかった。結局、彼はこの件に関しては「無罪放免」になった。彼女も、タブレットPC報道があったあとに、謝罪会見を一回したけれども、そのとき、はっきりと事実を淡々と述べれば、弾劾されることはなかったでしょう。

憲法裁判所でも、彼女が出廷して堂々と弁明・反論すればよかったのですが、それをしなかったから、韓国国民は「この人は、やはり、やましいことがあってしゃべれないことがあるのだ」と思ってしまった。

武藤　彼女は「私は正しい」と思っているから、あまり弁解したくない。

李　そう。そこが問題なんです。

武藤　彼女は、法廷に出たら、あることないことを問い質されるのが嫌で法廷にも出なかったでしょう。

李　だから、警察が、彼女の拘束先に行って尋問した。そのとき彼女が答えたものが、インターネットに出ていますが、警察が「お金を企業から受け取ったか」と聞いたら、「そんなことを口にすることすら私はイヤだ。賄賂を受けたりしたことは、いっさいない」と反論しています。

事実、彼女の口座には一円もおカネは入っていない。これからの歴史がたぶんその事実を明らかにすると思います。

武藤　しかし、韓国は「歴史」を歪曲する国だから（笑）。

李　韓国の政治家の中で、ただ一人、賄賂を受け取っていない人がいるとすれば、私は朴槿恵氏だと思っています。

武藤　朴槿恵氏と父親の朴正煕の二人だけですね。

李　ええ。彼女にはおカネは必要ない。「一億拾ったらどうする？」という質問に「警察に届ける」と答えた人ですから（笑）。事実上、検察が彼女を刑務所にいれてから二年ちかく必死で探しても彼女が、誰からおカネを貰ったという事実はなく、報道では洋服を買うのに公金を使ったとされましたが、それもすべて調べたら、彼女がポケットマネーで払っている。あまり高価ではない国内中小企業の洋服を買ったりしている。そうした証拠はすべて出てきている。

しかも、彼女は「私利私欲のために、請託《せいたく》を受けて何かやったこともない」とはっきり言っている。皮肉なことに、そういう人が九十九歳まで刑務所に入らなければならないというのは、非常におかしなことです。まあ、韓国人にとって事実はどうでもよいですからね。

武藤　その通りです。彼女のお父さんの朴正煕大統領が暗殺された。そのとき、朴正煕には財産といえるものはほとんどなかった。だから彼女は裸一貫も同様に世間に放り出されて非常に苦労した。朴正煕はとても清廉潔白で、日本でいえば井戸塀《いどべい》政治家だったから、遺産の類《たぐい》はなにも残っていなかった。しかし、彼の悪口を言う韓国の人たちは、「あの人は生涯、大統領でいるつもりだったから、おカネが必要なかったのだろう」と言ったりもする。でも、彼は賄賂など取っていなかったんです。朴槿惠氏も賄賂などを取っていない。だから自分の身内を周辺に近づけなかった。その代わり近づいたのが、崔順実だった。その人物が魔物のような人だったから問題になった。普通の人だったら、その人だけ逮捕されておしまいになる話なんです。

朴槿恵の復活はありえない

李　私は、朴槿恵氏が大統領になる前に、『朴槿恵《パククネ》の挑戦―ムクゲの花が咲くとき』（中央公論新社、二〇一二年十一月刊行）という彼女の伝記のような本を書いています。

そのときに、彼女のことやお父さんのことを詳しく調べました。彼女の日記が六冊ぐらいあって出版されている。それを見るとわかるのですが、両親の教育のせいかもしれませんが、普通の韓国人とは感性が少し違っている。同時に、ものすごく韓国的な部分があって、いつも猛反省しなければならないとか、いつも両親に恥をかかせてはならないといった儒教的な心境も綴られていました。

武藤　彼女は「いつもお父さん・お母さんが自分を見守っている」という意識で仕事をしていた。だから彼女は、本当に悪いことはいっさいしていないはずです。にもかかわらず、誤解されている側面が非常に強い。それは韓国の大統領が、みんな悪いことをしているから、彼女も悪いことをしているだろうという単純な思い込みがあるからです。

李　韓国の国会議員、政治家をすべて調べても、彼女ほど、そういう事実が発覚しない人はいないと思います。

武藤　いずれどこかで、真実が明らかになるのでしょうが、文在寅氏が大統領である間は無理ですね（笑）。

李　無理、絶対無理です（笑）。

――金大中《キムデジュン》氏（一九二五〜二〇〇九年、一九九八〜二〇〇三年大統領）のように、また復活するというようなことは？

武藤　いや、それはあり得ないのでは。朴槿惠氏は精神的に相当追い詰められているから、獄中死するのではないかとさえ危ぶんでいます。それはさておき、金大中氏が何度も投獄されながら、政治生命を長らえたのは、当時の韓国の野党の中でただ一人集金できるのは金大中氏だったからだという話しを聞いたことがあります。朴前大統領は、金銭に頼らず、国を思う気持ちで政治活動をし、倒れました。朴前大統領の思いが韓国の国民に伝わらなかったので、復活はありません。

なぜ朴槿恵は日本より中国を優先したのか

――朴槿恵は大統領になって、まずアメリカ訪問（二〇一三年五月五日）をした。普通、韓国の指導者は、アメリカの次は日本を訪問するのに、二〇一三年六月二十七日に国賓として中国を訪問した。そのあと、戦勝七十周年の中国の式典（二〇一五年九月三日）にも参加。このあたり、「反日」的なデモンストレーションのようにも見えました。

李　その経緯については、私は多少なりとも知っています。二〇一三年二月の大統領就任式に招待され、彼女と一緒に食事をしたことがありますし、大統領に当選される前に、彼女にインタビューしたこともあるからです。彼女は大統領に当選したら北朝鮮問題を根本的に解決したいと思っていた。そのためにはまず、中国を説得し、中国の協力を取り付ける必要がある、と考えたんですよ。

大統領就任後、中国訪問を発表してから、あるラインを通して私に、「中国に行ったら何を言えばいいか」とアドバイスを求めてきました。私が中国出身者だからでしょうね。そこで、習近平国家主席に会われたら「習主席に『中国の夢』があるように、私にも『南北統一の夢』がある」と話されてはどうかという趣旨のアドバイスをしました。そして、「中国に対しては、絶対迷惑は掛けないし、リスクは韓国が負うつもりだと説得し、どうか助けてもらいたいと単刀直入に言ったらどうだろう」と手紙に書いたのです。今は、そのことをちょっと反省しているのですが……。

そもそも、彼女と習近平氏は、お互いに、国のトップになる前からとても親しかったのです。習近平氏は、朴正熙に非常に惹かれていたらしい。とくに朴正熙の「新しい農村をつくる運動（セマウル運動）」に興味を持っていた。そこで習近平氏が主席になる前、韓国を訪問したときに、セマウル運動に関する資料を探し求めていた。すると、彼女は地方遊説に行っていたにもかかわらずソウルにまい戻り、習近平氏に会い、食事を一緒にして、のちに資料を七箱、習近平氏に送ったりしたことがありました。

私も中国で育ちながらも、中国政治をあまり深く知らなかったということかもしれませんが、彼女がそこまでやれば、習近平氏が、韓国を助けてくれるのではないかという意識が少しはあったのです。

ところが、アメリカのサード（THAAD）導入問題などで、両者の方針がことごとく対立することがわかりました。そもそも、両国は相反する利益を追及していましたし、違う夢を追っている間柄でしたが、私も彼女もその本質を見落とした。それを悟った後、朴槿惠大統領は、外交方針を変更、完璧に舵を切って、日本とアメリカとの本来の同盟関係に頼るしかないという方向に戻ったと思います。

ですから、善意の解釈をすれば、彼女が日本やアメリカをイヤだと思っていたというよりは、中国さえ抱き込めば、自分が大統領任期中に、南北統一の突破口を開けるのではないかという思惑があって、就任初期の段階では中国になびいてみせたのでしょう。

武藤　北朝鮮との関係で、中国の助けを期待したわけですね。とにかく中国には思いれがあり中国語も勉強していました。

李　ええ、それがあった。ですから、二〇一五年九月三日に、アメリカの反対を押し切って、天安門の戦勝記念パレードにも出向いたりした。結果的には、中国が非常に上手かった。韓国は操られただけ。それは今になってみればわかるし、それを見抜けなかった朴外交の失敗だった。

武藤　韓国は、常に中国の出方を見誤っているんです。現実を見ないで期待値で判断する典型的な例です。

李　見誤っていますね。

武藤　朴政権がそうだったし、歴代政権がそうです。中国との関係で、クールに対応したのは、李明博《イミョンバク》（一九四一年〜、二〇〇八年〜二〇一三年大統領）大統領ぐらいですかね。彼は地政学をよく理解していたから、中国とも付き合いながら、アメリカや日本とも、そこそこいい関係を結んだ。

李　彼は国際人ですよね。現代建設の社長として、世界をまたがって活動した経験があったから。

武藤　ですから李政権以外は中国関係を見誤っている。朴政権も例外ではなかったということです。

韓国の外交は今や非常識

李　文在寅大統領になってから、韓国は国家としての力が非常に落ちているのではないかと思います。経済では、韓国は世界で十二番目の規模の国（二〇一七年GDP世界十二位）にもかかわらず、世界的にその地位に見合うだけ尊重されていない。

中国が韓国と接するときでも、韓国を無視して完璧にバカにしている。韓国がTHA

ＡＤを配備したときの中国の対応を見ると、非常に激しいものでした。二〇一七年三月には、難癖をつけて韓国企業を追い出そうとしました。ロッテのスーパーをすべて衛生検査して、百店以上あった店もほとんどが営業停止や閉鎖に追い込まれています。

武藤　不買運動で、現代自動車が生産中止に追い込まれたりしましたね。

李　芸能活動でも、中国市場を狙って活動している芸能人が多かったのが、追い出されている。

さらに、文在寅大統領が公式訪問したときに、随行していた記者が中国の警備員に殴られたということがあった。それに対して、韓国は中国に一言も文句を言わなかった。この事件については、韓国国内では批判が強かった。こうした事件が中国ではなく、もしアメリカや日本で起こったら……。

武藤　大騒ぎですね。

李　韓国全体がもう大騒ぎするでしょう。しかし中国には何にも言えない。アメリカに対しては、開城《ケソン》工業団地に事務所を開いたりして、アメリカが懸念を示すようなことを平気でやっています。

韓国内では、文在寅大統領は、アメリカを怒らせて、嫌気をさして韓国から米軍を撤退させるのを待っているという見方も一部に出ているほどです。

武藤　自分たちの安全保障にかかわってくるから、さすがに、そういう底意からやってはいないと思いますが、たしかに非常識なことをやっていますね。

韓国外交部は機能不全状態

武藤　それだけ無視されている中国との関係で、文在寅政権は、外交部の組織変更を目論んでいる。中国と日本を担当していた「東北アジア局」から「中国局」を独立させて、日本は他のアジア諸国とごったにしたセッションにしようとしています。

その構想どおりに進めば、外交部の対アジア組織は、これまでの「東北アジア局」と「南アジア太平洋局」の二局体制から、「ＡＳＥＡＮ局」「中国局」「日本・インド・オセアニアなどのアジア太平洋局」の三局体制に変わることになります。

まったく現状に対する認識に欠ける外交をやっている。これが今の韓国の外交部です。それを康京和《カンギョンファ》長官のもとでやっている。

彼女は、元はＫＢＳのアナウンサーです。その後、英語教師などをしていたのですが、彼女が注目されたのは、一九九七年アジア通貨危機の際に、当時の金大中大統領とアメリカのクリントン大統領の電話会談で通訳を務めたことからです。その後、外交官試験を経ないで外交通商部に特別採用され、潘基文《パンギムン》（二〇〇七〜二〇一六年　国連事務総長）国連事務総長のもとで、国連の人権高等弁務官事務所副代表などを務め、国連で人権関係のキャリアを積んだ。やはり「人権」問題の専門家なのです。確かに英語は私も舌を巻くほど上手ですが、二国間外交も北朝鮮外交もやったことがない。日本との歴史問題を意識しての人事なのでしょうか。

そういう人が外交部長官（外務大臣）になって、何ができるのか。しかも、今、韓国の外交部の中で、日本やアメリカとの関係を担ってきた外交官たちは、みんな干されてしまっている。

李　昨年（二〇一八年）十月に日本大使館に勤める一等書記官を募集したところ、一人も手を挙げなかったそうです。日韓関係で、今まで一所懸命に働いてきた外交官らが全部冷や飯を食っているからでしょう。

たとえば、慰安婦問題の交渉で尽力した代表的な人物は駐日韓国大使、情報機関である国家情報院院長、朴槿恵大統領秘書室長などを歴任した李丙琪《イビョンギ》氏です。ところが、彼はいま刑務所に収監されている（二〇一八年六月、ソウル中央地裁で特定犯罪加重処罰法違反などの罪で懲役三年六カ月の実刑判決を受けた）。

日本との間で一所懸命に尽力した人が干されて不利益を被っている。だから、みんな日本関係にはタッチしたくないというわけです。日韓関係だけでなく米韓関係でも、今、専門家はみんな排除されている。

文在寅政権以前、外交官にとって、日本は近くて安全で食事もおいしい、子供の教育の心配もないということで、勤務地として非常に人気があった。しかし文在寅政権になってから、まったく人気がない。こうしたことも今後、日韓関係に長く影響を及ぼすと思います。

今や学生運動家上がりの左翼人や、自称「人権専門家」などを各国の領事や大使に派遣しているために、そのため韓国の外交は上手く機能していない状態です。

武藤　その悪影響は今後、とても大きくなるでしょうね。

李　ええ、これからね。

武藤　これまでは外交部長官か次官は日本通だった。私たちも、さまざまな問題について、腹を割って落としどころを探り合うことができた。あるいは、日韓議連などで何とか調整できた。それでも、韓国側はゴールポストを動かしてしまい、ひっくり返されるということが時々あったのですが多くの場合うまくいった……。今は韓国側がまったく機能していない。話し合いの糸口さえ、つかめない状態です。

李　チャンネルがなくなっています。

武藤　そういう日韓の交渉チャンネルがなくなってしまいました。今後は日本の専門家でない通常の外交官と一般的な外交ルートで交渉しなければならない。これでは日韓の複雑な国民感情に対処できません。

韓国から逃げるインテリ層

李　「反日」はまだしも、文在寅政権は、なぜ「反米」になるのか。もしアメリカが韓国から軍事的に手を引くことになれば、韓国経済は完璧にダメになるでしょう。

武藤　ダメになります。

李　今の投資家たちが瞬《また》く間に逃げてしまう。

武藤　そうなると、韓国は大混乱に陥り、北朝鮮に吸収合併される可能性も出てくる。

そのことを危惧する韓国の人もたくさんいますね。

李　文在寅大統領は「民族和合」を優先しているので、それも覚悟のうえなのかもしれない。

武藤　いや、わかっていないのではないですか？

李　アマチュア集団だから？

武藤　政治的手法が、理想というか観念優先のアマチュア集団なんです。だから空想的理念だけで外交をやり、政治をやっている。

李　理念、信念を貫けばいい結果が生まれると信じている。

――その必然として、最近、保守系の政財界人たちが刑務所に入れられるのではないかと恐れ、韓国から日本、アメリカ、ヨーロッパに逃げだしていると聞きますね。一昔前の「ホンコン」みたいになってきている。脱北して韓国に逃げてきた人たちも、このまま韓国が「北朝鮮化」したら元の木阿弥になりかねないと危惧して「脱南」したりしている……。

武藤　このままだと、韓国がメチャクチャになってしまうから、そうなる前にということで、そうした動きはすでに起こっていますね。昔もあったけれど、今、一番ひどいんじゃないですか。

李　正式に移民して韓国を脱出した数は三万人を超えていますね（移民政策研究院の「二〇一七年度国政監査資料」によると二〇一六年は三万六千四百四人）。文在寅大統領の娘までが、つい最近密かに外国へ移民したという事実が発覚され、いま、大騒ぎしています。

武藤　しかも、みんなインテリ層でしょう。国の背骨が揺らいでいくのは必至です。

北朝鮮のエリート層は韓国に亡命したがらない

李　韓国から逃げることと関連するのですが……。日本ではあまり大きく報道されていないのですが、こんな事件もありました。駐イタリア北朝鮮臨時代理大使のチョ・ソンギルという人が、昨年（二〇一八年）十一月に姿をくらませて、アメリカへの亡命を希望しているというのです。

チョ・ソンギルは臨時代理大使ですが、非常に大事なポジションにいた。二〇一七年に北朝鮮が六回目の核実験をやったときに、イタリアが大使を追放した。それを受けて、彼が臨時代理大使になった。「臨時代理大使」という肩書ですが、事実上、大使の役割を果たしていたのです。

彼は二〇一五年五月に三等書記官としてイタリアに赴任して一等書記官に昇進し、さらに臨時代理大使になったのです。異例なことですが、夫人や子どもと一緒にイタリアで生活していました。普通は外交官など海外に派遣される人々の家族の一部は「人質」として平壌に残されるのですが、出身成分や背景がしっかりしている者は家族全員が同行することもあるということなので、チョ・ソンギルは北朝鮮の核心階層の出身だったと考えられます。

北朝鮮は昨年（二〇一八年）十一月に、改めて正式の大使を派遣することにしたので、彼は北朝鮮に戻るはずだった。ところが家族とともに行方をくらまして、イタリア情報当局の保護を受け、韓国ではなく米国亡命を希望しているというのです。

韓国の情報機関の国家情報院が今年（二〇一九年）一月三日に「十一月初旬から夫婦で公館を離れ、身を隠している」と明らかにしました。

しかし、最近の情報（二〇一九年二月二十一日）では、イタリア外務省は二月二十日（現地時間）に「北朝鮮側が昨年十二月五日に送った通知で、チョ元臨時代理大使と彼の妻が十一月十日に大使館を去り、その娘が十一月十四日に北朝鮮に戻ったと報告した」と明らかにし、「北朝鮮側はチョ元臨時代理大使の娘が祖父母と一緒に過ごすために北朝鮮に行きたいという意思を明らかにし、大使館の女性職員らと同行したと説明した」と発表しています。

さらに「中央日報／中央日報日本語版」（二〇一九年二月二十一日）では次のように報じています。

【これに先立ち、韓国政府当局者は「チョ元臨時代理大使が行方不明になった直後、平壌から組織指導部など追撃班が現地に派遣された。チョ元臨時代理大使の身柄確保に失敗すると大使館に残っていた娘を連れて帰国したものと把握している」と話した。太永浩（テ・ヨンホ）元在英北朝鮮公使もメディアの取材に「高校生と推定されるチョ元臨時代理大使の娘が北朝鮮に強制連行されたという知らせを聞いた。これ以上チョ・ソンギル元臨時代理大使に韓国に来るように言えない状況」と明らかにした】

イタリアは北朝鮮にとって、重要な国家です。北朝鮮の金一族の贅沢品を調達する窓口であり、ローマには「国際連合食糧農業機関」の本部があって、北朝鮮への食糧支援はここを通してやっていますから。

武藤　となると、北朝鮮にとってイタリア大使は重要なポストだ。

李　彼は北朝鮮がどういう手口で、国際社会から支援金をせびり取って、食糧を持っていくのか、そして贅沢品を調達する場合のルートにかかわっていたキーマンだったのです。

武藤　制裁逃れのノウハウを駆使していた人ですね。

李　二〇一六年に、北朝鮮の英国駐在公使だった太永浩《テヨンホ》は韓国に亡命しましたが、北朝鮮のエリート層は、今や韓国には亡命したがっていない。

武藤　イタリアにも多くの情報が入ってくるから、今の文在寅政権がひどいということはわかっているでしょう。韓国に亡命したら、自分がいつ北朝鮮に送り返されるかわからない。もし戻されたら、どんな仕返しを受けるかわからないから、逃げるならアメリカと考えるんでしょうね。

李　チョ・ソンギル元臨時代理大使もいろいろな情報を持っていたでしょうからね。

武藤　いろいろな情報がイタリアにすべて入ってくる。しかし、それを本国に送ってはいけないのでしょうね。また自分がそれを見ているということを知られてはいけない。知っていたら、不純分子だということで叩かれる。だから、ものすごく神経質になったと思います。

李　亡命の理由としては、召喚されたら、イタリアで伸び伸びと育っていた子供たちが不遇になってしまうから……と。

武藤　そうでしょうね。それはよくわかります。しかし、娘さんは北朝鮮に連れ戻されてしまった。

李　海外にいたチョ・ソンギル氏がどの程度北朝鮮内部の情報に通じていたかどうかわかりませんが、ある程度は知っていた可能性はありますよね。

武藤　漏れ伝えて、聞いているでしょうね。イタリアなどヨーロッパの反応など、各国の反応を本国に報告しているから、本国がどう考えているか、それなりの情報は持っていると思います。ただし、金正恩やその側近が、どういう方針で対米交渉をしているかなどは詳しくはわかっていないと思う。

李　文在寅政権がほんとうにプロ集団であれば、こういう政府高官の脱北者を確保し情報収集にあたるべきですよね。

武藤　普通ならしますよ。今までの韓国はそれをやってきた。これまで脱北者はたくさんいたけれど、自分たちにいい情報を提供してくれる人たちを優遇してきたでしょう。

李　今回、彼がアメリカに亡命したいと希望したことは、韓国からエリート層が逃げ出すことと同様、韓国離れを象徴する現れです。

軍の中枢もすでに文在寅によって「赤化」が進展

――大統領直属の情報機関である「韓国国家情報院」は、人をどんどん入れ替えてしまって、ひどい状況になっていますが、軍隊は、まだ大丈夫なんですか。

李　大きな問題があって、いまは「機務司令部」、元は「保安司令部」と呼ばれていた軍内部の組織があります。ほとんど北朝鮮のスパイ摘発の業務をしていました。スパイは民間に入り込む場合が多いので、民間人関連で調査を行っていた。その組織の司令部の人が自殺しました。

機務司令部が二〇一六年の暮れにクーデターを画策したというので、文在寅大統領がその事実の確認もせずに、「言語道断だ。厳しく調べろ」と命令。しかし、それはクーデターとはまったく関係ないものだったんです。

朴槿恵政権に反対するロウソクを持っている側と反対側の太極旗を持っている朴支持

陣営がぶつかった場合、大きな騒乱に発展するのではないかと心配して、万が一そうした場合に、国としてはどういう対応するかを検討しただけのものだったんです。
　しかし、文大統領は、それをクーデター計画だったと即断し、この組織の縮小と機務司令部の要員を三〇％以上削減するようにしたのです。この削減案が施行されれば、機務司令部要員は現在の四千二百人から三千人以下に減ることになります。さらに「民間人査察禁止と厳格な政治的中立」を規定して、これを破ったときには重い処罰を下すようにするというのです。
武藤　つまり、北朝鮮スパイの取り締まりができなくなる。そもそもそういう目的でやっている。
李　さらに、軍のトップに文大統領お気に入りの面々を入れているので、軍が今、メチャクチャになっています。
武藤　過去の政権で大統領府の秘書室長が軍の合同参謀議長を呼びつけて人事の注文をしたら、越権行為だと批判されましたが、現政権では大統領府の局長以下の人間が軍の人事に口出ししていると聞きます。外交部も含めて、権力機構はすべてそういう政治任命で適材適所が崩壊している。

李　すべてが劣化しています。

武藤　だから韓国政府が国家としての役割を果たしていない。文大統領の取巻きが犇《ひしめ》いている青瓦台だけが集中的に権力を握って動き回っている状態です。その結果、韓国社会の治安が悪化している。

李　今の国防部長官の鄭景斗《チョンギョンドゥ》氏は、文在寅が大統領になってから二人目です。彼は国会で、二〇一〇年三月に韓国の哨戒艇・コルベット天安が北朝鮮軍の攻撃で沈没させられた事件について、「北朝鮮は謝罪する必要がない」と発言しました。

この「コルベット天安事件」は、李明博《イミョンバク》大統領時代に起こったのですが、四十数名の韓国兵が亡くなっています。当時、二〇一〇年五月二十四日に、李明博大統領は「対国民談話」で、「北朝鮮の軍事挑発」と抗議した上で、北朝鮮の責任を追及するために、北朝鮮の船舶が大韓民国の海域および海上交通路を利用することを禁じ、南北間交易を中止する措置を取るとしました。

鄭景斗発言に対しては、さすがに韓国でも批判が殺到しました。金正恩がソウルに来るのであれば、少なくともそのことについては遺憾の意を表明すべきではないかという声があったからです。

このことを見ても、軍の首脳部は、いまは「政治軍人」として文在寅大統領に仕えている状態です。

武藤　そういうイエスマンで無節操な軍人でないと、彼の下では務まりませんよ（笑）。

李　だから軍も頼りにならない。クーデターなんて起こせるわけもない。

要職の七割は左派出身

武藤　唯一、今の文在寅政権を変えられるのは「世論」だけですよ。

李　しかし、今は「世論」を喚起するジャーナリズムも頼りにならない。先に少し触れたように、朝鮮日報や中央日報が政権に少し反発しはじめた程度です。

武藤　実態的な経済がますます悪くなって、若者の就職口がなくなって生活が苦しくなったら、若者が反発しますよ。

李　それには少し時間がかかると思います。

来年（二〇二〇年）四月に総選挙がありますが、すでに選挙モードになりつつある。

朴槿恵時代の最後の国務総理だった黄教安《ファンギョアン》氏が今年（二〇一九年）一月一五日、最大野党「自由韓国党」に入党し代表に選ばれました。黄教安氏の動きは、来年の総選挙を睨んでの動きです。そこで文在寅大統領の率いる与党が惨敗をすれば、救いようがあるんですが、どうなるか。

武藤 しかし、今の文在寅政権ならば、保守系候補者の選挙違反など細かいことを摘発するなど、露骨に選挙介入してくるでしょうね。

李 左翼の人は何でもやります。選挙妨害は、戦後まもない時の東欧でもよく見られました。連立内閣で、警察治安部門を共産党閣僚が押さえ、選挙運動を一方的に取締り、共産党以外の候補者が当選しにくくなるようにした。同じことをやるでしょうね。そもそも、朴槿恵時代の首席秘書官や文化観光部長官をした趙允旋《チョユンソン》氏は、本当に知的な人ですが、そういう人たちがすべて、微罪というかでっちあげのような罪で起訴され服役している。

ただし、文大統領についても、スキャンダルが出はじめています。たとえば朴槿恵大統領時代に任命した公企業の長を早く退任させるために、思想的にどういう傾向にあるか、何か問題がないか、残り任期は何年か——というリストをつくっているのが暴露されました。これこそ「ブラックリスト」です。

武藤　そして次々と、そういう人を追放しては、三八六世代を入れていこうとしている。しかし、その結果どうなるか。トップが素人ばかりで、どんどん機能しなくなる。

いい例が、二〇一八年十二月八日に発生した韓国高速鉄道の脱線事故ですね。当時の韓国鉄道公社の呉泳食《オヨンシク》社長は三八六世代ですが、彼が事故現場で記者団に「今回の事故は気温が急に下がり線路に問題が生じたことが原因ではないかと推定される」と言ったことで、「鉄道のことを知らないにしても、あまりにも知らなさすぎる」と批判が相次ぎましたね。そのため、直後、呉泳食社長は辞任しました。

韓国鉄道公社とその子会社五社の役員に任命されたうちの三五％が鉄道の専門家ではなくて、天下りですからね。

文在寅大統領が最初にやった仕事というのは、三八六世代の人たちを要職に就けることです。だから、そういう部署で、何か大きな事故などが起こったりすれば、任命責任を問われガタガタになる可能性は高い。

李　憲法裁判所（大統領・国会・大法院が三名ずつを指名する）も、今ではほぼ七〜八割が左派出身の人になってしまった。

武藤　韓国の最高裁判所である「大法院」もそうです。だから徴用工などであんな非常識な判決が出るようになった。

李　「大法院」は十四人の大法官（裁判官）で構成されていますが、ほぼすべて入れ替え作業をした。すでに指摘しましたが、大法院長官に抜擢された金命洙《キムミョンス》は大法院裁判官の経験がないはじめてのケースです。しかも、革新系判事の「我が法研究会」会長だった人物です。

武藤　入れ替えはもうほぼ終わったでしょう。

李　ですから、文在寅大統領を仮に弾劾して憲法裁判所に持っていっても弾劾するのは無理です。

武藤　となると、もうクーデターしかないけど、先述したように軍のトップクラスも大法院と同じようなテイタラク（笑）。

李　クーデターも難しい。文在寅大統領は巧妙に、政権を覆そうとする勢力の力をすべて削ぎ取っている。財界に対しても汚職摘発などを名目に、大企業オーナーを狙い撃ちしている。それはおみごとといえるかもしれません。敵ながら天晴れと。

恐怖政治を隠す文在寅のショー政治

武藤　文在寅大統領が金正恩との三度目の首脳会談で平壌に行ったときに、サムソングループの事実上のトップの李在鎔《イジェヨン》氏をはじめ、財界の人たちが、ぞろぞろとついていきましたよね。それは、ついていかないと、自分が何をされるかわからないからで、そういう恐怖の中に、みんな、生きているんじゃないでしょうか。

実際、李さんは朴大統領がらみの疑惑で逮捕され有罪判決を受けて保釈されている身（最高裁の判決待ち）。韓国は国防部、検察、警察、国家情報院など統治機構を大改変しようとしていて、その改革の中心にいるのが三八六世代です。ですから、文政権は気に入らない人に対しては徹底して弾圧できるのです。その意味でも、今の文政権はほんとうに恐怖政治を推進しているといえますね。

李　そう、恐怖政治です。歯向かうと「逮捕」が待っているのだから。

武藤　北朝鮮の独裁政治とあまり変わらないような感じがする。まぁ、北と違って、処刑されないのはましですし、辛うじて野党や独立系のネットメディアがありますが……。

李　そのやり方は、よく言えば巧みですが、非常に狡猾です。

朴槿惠氏は国民とうまく意思疎通をしない、彼女は「不通＝通じない人だった」と批判されたことを、文在寅氏は意識したのか、政権発足したあと、スターバックスのコーヒーカップを手に持って、スタッフたちと青瓦台を歩く写真を出したりして、いかにもリラックスしたカジュアルな政権だと見せた。また、政権が反大企業的すぎると批判されると、企業人を呼んで、ビール・パーティを開催して、それをホームページに載せたりしています。

またＰＭ２・５の問題が発生すると、国民は、みんなマスクをしているのに、文在寅をはじめスタッフたちが青瓦台の庭をマスクなしで散策したりして、安全性をアピールしている。

「ポピュリズム政治」のことを韓国では「ショー政治」と言うのですが、文在寅政権はまさにショー政治そのものです。その場しのぎの見せる政治です。すべて本質を隠している。問題はすぐには表に出ないかもしれませんが、この状態が続けば、国内政治も国際外交も、そのツケが回ってくるはずなんです。

巧妙に進める文在寅の粛清

李　今、文在寅大統領は、非常に狡猾、巧妙に国内の敵の粛清を進めています。さきほど話が出た前大法院院長の梁承泰《ヤンスンテ》氏については、徴用工裁判の進行を遅らせたという容疑を含めて、司法介入したなどと四十ぐらいの容疑が掛けられてある。

先述した趙允旋《チョユンソン》氏については、政府に批判的な文化人らのリストを作成に関与していたと、二〇一七年一月に職権乱用容疑で逮捕され二月に起訴されました。

彼女の場合、同年七月には、リストについて直接の関与は認定されなかったのですが、リストの存在を知っていながら国会で知らないと虚偽の証言を行ったとして、ソウル中央地裁で懲役一年、執行猶予二年の有罪判決を言い渡されました。それに対して検察は執行猶予がついたのを不服として上訴。二〇一八年一月にソウル高等地裁で、重要な役割を担っていたとして禁錮二年の実刑判決が言い渡されています。

さらに、元大統領秘書室長・金《キム》淇《ギ》春《チユン》氏については、「ブラックリスト」を作成し財政支援の対象から外すなどして弾圧したとして、やはり二〇一八年一月に、ソウル高裁で、職権乱用罪などで一審より重い懲役四年を言い渡されています。
朴槿恵時代の「ブラックリスト」とは、韓国の文化・芸能界の左傾化がひどいので、そういうところに国の財政でお金を入れるのは良くないというのでリストをつくったものです。映画などで、日本はもちろんのこと、米軍、国内の財閥、金持ちなどについて、悪役としてきわめて批判的にばかり取り上げていた文化・芸能人たちのリストです。

武藤 朴槿恵大統領は最初から内堀に行ってしまったから、いけなかった。

李 そうなんです。

武藤 文在寅大統領がうまいのは、きちんと外堀を埋めながら、内堀のほうに入っている。

李 そうです。そこが違う。しかし、文在寅大統領がやっているのは朴槿恵大統領がやったことよりもよほどひどい。野党、各公企業の長をどう排除するかということで査察している。それこそブラックリストです。

武藤 ブラックリストも、いいところです。文在寅大統領が辞めて保守派政権になったら、彼が今度は同じようにやられるよね。

李 朴槿恵政権の人たちに適用した基準からすると、文在寅大統領周辺の人たちは、百年ぐらいの刑に処しても足りないくらいです（笑）。

武藤　朴槿恵大統領も、きちんと自分に仕える人たちを固めて、それから世論をある程度味方につけてから押さえていけば良かったけれど、そういうことをせずにいきなりやった。

李　周辺に有能なスタッフがいれば違ったのでしょうね。

朴槿恵とは対照的に文在寅は側近にうまい汁を吸わせている

武藤　朴槿恵大統領には、ちゃんとしたスタッフはいなかった。彼女にずっと仕えている人はほんとうに少なかった。彼女は自分を律していて強いから、「私の言うことを聞きなさい」と命令一下《いっか》で物事をすすめていこうとした。

李　頑固なんですね。聞く耳を持たない。

武藤　だから、彼女に、ほんとうに「誠」を捧げる人が皆無。

李　そうです。両親がともに非業の死を遂げているので、彼女は人を信用しない。彼女は一度テロに遭い、九死に一生を得たこともあり、彼女が人に会うのを怖がるのは、北朝鮮と激しい対立の中にいて、しかも国内にも政敵がたくさんいるので、突然、刺されることなどが十分考えられたからでしょう。

武藤　いや、それ以上に、彼女は夜一人で食事をとっていることが多かったことからわかるように、人の意見に耳を傾けるということがなかった。大統領としては、いろいろな人の意見を聞いて、それを反映させるということがないと人はついてこない。それがなかったから、彼女はスキャンダルで刺されたんです。

文在寅大統領はそこのところをうまくやっています。自分の側近、とくに悪い連中が、いっぱいいる。甘い汁を吸いたい連中が彼の周りにたくさん蠢《うごめ》いている。文大統領は、彼らに甘い汁をたっぷり吸わせている。しかし、朴槿恵大統領は側近もつくらず、甘い汁を吸わせることなどなかった。

李　彼女は清廉潔白を標榜《ひょうぼう》していたから、私情が挟まるとよくないと、自分の親しい功績のある人にさえも重要ポストを与えず、決して利益を与えるようなことをしなかった。

武藤　文在寅大統領は下の者に甘い汁をそうとう吸わせているから、みんながついてくる。

李　お構いなくやっていますね。

武藤　そうした甘い汁を吸わせないとうまくいかないというのが、韓国社会だった。

李　朴槿恵大統領は根本的にいいところは押さえていた。たとえば左翼の教員労組である「全教組」（「全国教職員労働組合」）を非公認にしました。また、民労総（「全国民主労働組合総連盟」）には絶対妥協しなかったし潰そうとした。

「全教組」（「全国教職員労働組合」）は、盧泰愚《ノテウ》（一九三二年〜、一九八八〜一九九三年大統領）政権下の一九八九年に二万人余りの教職員の参加で設立されました。当時は非合法で、金大中政権下の一九九九年に合法化された、親北性向の強い組織です。

朴槿恵政権は、二〇一三年十月に、退職教員を組合員として認める規約を改正しなかったとして、全教組に対して「法外労組」通告を行い、非公認にしました。しかし、文在寅大統領は、これを再調査する方針を明らかにしています。

さらに親北朝鮮政党の「統合進歩党」という政党がありました。この政党の国会議員の李石基《イソッキ》という人が、二〇一三年に内乱を企てたとして「内乱陰謀」などで逮捕されましたが、彼女は、この「統合進歩党」（二〇一四年十二月）を強制解散させました
李石基は、二〇一五年一月、大法院で懲役九年、公民権停止七年を言い渡され、判決が確定しました。しかし、文在寅大統領は在任中に、可能であれば、大統領の権限を使い、彼を赦免しようとするでしょう。

武藤　朴大統領は、全教祖、民主労組、統合進歩党を叩いたために、これらの団体が立

ち上がって弾劾という行動に出た。

文大統領は朴大統領のしたことを否定してきているので、李石基を復権させかねません。要するに、朴槿恵大統領はやるべきことはやっていたけれど、彼女をサポートしてくれる人がいなかった。ブレーンもいなければ、彼女に従って動いてくれる人もいなかった。文在寅大統領の場合には、三八六世代という支持層がいて、彼らを要職に就けて、うまい汁を吸わせてやっているので、彼らが手駒として動いてくれる。

李　自分の利益のためにか、理念のためにかは別にして、そういう命を張って動いてくれる部下がいないと組織は動かない。

武藤　今はみんな、文在寅大統領にたかっているわけです。

李　李明博大統領と朴槿恵大統領は、ある程度は、左派と妥協しながらやってきた。文在寅大統領のような敵対的な陣営に対しても、徹底的に対決する政策まではなかなかできなかったし、一部例外をのぞいてそこまでは徹底しなかった。そこで生き延びた左派が復活して、はびこる土壌をつくってしまった。その点、文大統領は容赦なく右派叩き、右派潰しをやっている。これがあとしばらく続くと、右派が根絶やしになる可能性もあります。そこは注視しておく必要がある。

北の影響で左派がはびこる

武藤　韓国に左派がはびこる一番大きな要因は、北朝鮮があるということです。北朝鮮が韓国の労働組合などを支援援助もしてきた。その影響下にある左翼労組の動きが激しいものだから、李さんがおっしゃったように、みんな怖がって、それに対して何もできない。

北の影響がなかったら、左派がこれほどに生き延びていることはなかった。韓国の労働組合の激しさというのは、すごいですから。

李　日本でも昭和二十年代、三十年代前半の炭鉱労組は三池闘争などでも暴れたし、昭和四十年代の国労動労などの「違法スト」などによる社会混乱も大変だった。そんな労組支配の時代が、韓国では二十一世紀になっても続いていると考えると分かりやすい。

武藤　今、韓国のほうが北朝鮮よりはるかに繁栄しているけれど、韓国には、そういう北からの政治的な影響力が常にあった。そのために、韓国社会がずっとゆがめられてきたわけですよ。

――左翼労組の中に、穏健な第二組合のようなものは出てきてないのですか。日本なら、反共リベラルの同盟（民社）系の組合が出てきて、民間労組（電力労連、自動車総連など）ではそちらが多数派になった。

武藤 「韓国労働組合総連盟」という穏健な労組組織がありますが、現代自動車などの労組のように激しい組合運動をやる組合は、民労総がリーダーシップを取るようになってきています。その民労総でさえも、文在寅大統領がやろうとしている労働改革、経済改革には、より左の立場から反対している。だから、文在寅大統領も経済界と左翼労組との板挟みになって、今非常に苦しい立場にあるのではないですか。

李 朴槿恵大統領を弾劾したときの主導勢力は民労総です。彼らは朴槿恵政権誕生後、一貫して退陣を要求していた。なぜ朴槿恵政権に対して強く反発したかというと、彼女は、韓国の根本的な問題は、民労総のような「貴族労組」があるからという考え方だったからです。

民労総は日本など諸外国では考えられない力を持っています。民労総の幹部は会社内で役員室のような大きな部屋を持っている。いわば労働貴族です。

最近問題になったのは、民労総幹部の子息たちについては、正規労働者として優遇して採用したりするなどの便宜がはかられていることです。民労総幹部は、代々いい思いをする。北朝鮮の金王朝の一族みたいなものです。

さらには、経済要求をつり上げるために、国家が困るようなストをやる。たとえば毎年暮れのもっとも人々の移動が激しいときに、日本のＪＲに相当する韓国鉄道公社が全面ストを行ったりする。しかも、韓国では、鉄道労働者だけがストをやるのではなくて、全産業の人たちが、十万人、十五万人も加わるのです。

二〇一四年、一五年には、警察とぶつかって死者が出るぐらい激しいデモがあった。当時、民労総はバス五十台を叩き潰したり警察官を殴ったりした。そうした混乱の中で、地方から出てきた農民が警察の放水車によって、倒れて死亡する事件がありました。この事件で、今、多くの人が起訴されて、処罰されている。

朴槿恵大統領は、自分の任期中に、民労総を徹底的に根こそぎ取り除くという強い決意を示していました。そこで、朴大統領が、この前段階での鉄道ストに関して、徹底抗戦で、二十日以上対決した。結局、民労総の委員長を逮捕し、幹部も数十人を起訴し、それで民労総が折れそうになったときに、例の保守党の内紛のときに代表印をもって姿をくらました金武星《キムムソン》氏が両者の仲裁をした。

武藤　彼は大統領になりたいという色気があったからね。

李　彼は保守派ですが、朴槿恵弾劾に賛成した人です。その後、セヌリ党を離党して新党の「正しい政党」の結成に参加して、二〇一七年二月にセヌリ党が「自由韓国党」に党名変更した後の二〇一七年十一月にまた復党しています。保守派とはいえ、いつも逃げ腰で、逃げ足も早い（笑）。

武藤　大統領になりたかったけれど、結局、支持を得られなかった。

李　この金武星氏の動きによって、朴槿恵大統領の民労総倒しは結局中途半端に終わってしまい、逆に、民労総の激しい反発・反撃を買った。二〇一六年十月の朴槿恵弾劾デモが盛り上がったのは、民労総が死活をかけて大動員をやったからです。

武藤　しかし、その罠に引っ掛かってしまったのは、朴槿恵政権の力が弱くなっていたから。総選挙で負けて、朴槿恵政権はレームダック化が進んでしまい、叩かれ潰されてしまった。この朴政権の崩壊が、朝鮮半島情勢、北東アジアの平和を脅かす第一歩になったと後世の歴史家が判断することになるかもしれませんね。

第4章

韓国は北朝鮮に呑み込まれる

最低賃金引き上げで耐えられなくなる韓国企業

武藤　任期後半に入る文在寅《ムンジェイン》政権は任期の切れる二〇二二年に向かって、これからますます韓国をメチャクチャにしていくのではないでしょうか。

先述したように、朴氏があのように叩かれた一番大きな原因は、任期途中に行なわれた総選挙に負けたからで、それによって支持率が下がり、力が弱くなり、叩かれた。

来年の総選挙で与党がどうなるかまだなんともいえませんが、文大統領の支持率に陰りが出始めました。今は四〇%をすこし上回る程度、もしもこのまま支持率がガタッと下がったときは、メチャクチャになってくるでしょうね（二〇一九年三月二十九日公表された最新の世論調査では四三%。不支持四六%）。

支持率がさらに下がる要因は充分ある。まず経済がこれから先、うまくいくはずがない。昨年（二〇一八年）十～十二月期を見ると、サムスンが約二九%、LGが約八〇%、現代自動車が約五〇%と、それぞれ減益でしたね。

主要企業がそうだったら、あとは推して知るべしで、一般の企業はさらに悪い状態です。今年は「最低賃金の引き上げを少し抑える」と言っていますが、過去二年間で約三〇％も引き上げている。

今年になって、さらにその最低賃金を設定する基準として、有給休暇も、その分母に入れるということになった。それを入れると、引き上げ率は四〇％近くに達すると言っている人もいますが、それでは企業は耐えられるはずがない。最近のマスコミは、韓国で事業する人は「愛国者」だと言っている。昨年の韓国企業の外国投資も前年比倍になっているようです。

日本の企業も数多く韓国に進出していますが、みんな消耗している。ことに韓国に進出している日本の飲食業界はもう耐えられなくなってきているのではないでしょうか。

李　そうです。「所得主導型経済成長を目指す」と言っているけれども、韓国のような内需があまり大きくない国では、賃金を上げて、経済を立て直すというのは机上の空論の域を出ないと思います。

武藤　安倍政権は、企業に「賃金を上げろ」と要求したのですが、その前提として、企業が実現しやすいように、いろいろな金融政策も平行してやっていますね。しかし、文在寅政権は、そうした政策をいっさいせずに、「とにかく賃金を上げろ」という、民衆受けするスローガンを唱えるばかり。一方的な所得上昇の主導を命令しているだけだからメチャクチャなんです。

李　文在寅大統領は、韓国は財閥企業が富をすべて取り、国民経済を悪くしていて、中小企業で働く人たちは賃金が少なく、それで貧富格差が広がっているという認識があるようですね。だから、最低賃金を上げれば、アルバイトなど定職に就いていない人たちも、所得が上がり格差が是正されるという論理らしい。

しかし、これは韓国の実質経済状況とは、まったくかけ離れた判断です。

韓国では、飲食店を見ればわかるのですが、家族経営など零細なところが多く、そこでパートの賃金を一六%から二〇何%上げると、人を使えなくなる。だからどんどん人を削って、親族だけでがんばってやるということになり、失業率がますます増えている。

さらに韓国版「働き方改革」で、週五十二時間労働制を法律で決定して、昨年（二〇一八年）七月に導入し、厳しく規制しています。

そのために、今まで時間外労働で給料以外の残業手当てを貰っていたサラリーマンたちの給料が、実質的に一〇%も二〇%カットされることになる。それまでそれなりにおカネを使っていた層が、収入減でおカネを使わなくなっています。そうしたことが、いま韓国経済全体の足を引っ張っています。

文在寅大統領は今年（二〇一九年）の新年の辞で、労働市場は量的には増えてなくて非常に悪いが、質的には良くなったというようなことを言っていた。

武藤　しかし、最近は低所得層の貧困度は一層高まっていると聞きます。文政権のいうことは、それも詭弁でまやかしですね。

李　まったく間違った話です。公務員を増やし、何か一般の働き口を少し増やすために、二十四兆ウォン（約二兆四千億円）、周辺の経済浮揚政策まで含めると、五十四兆ウォン（約五兆四千億円）ぐらい使っている。

武藤　政府の債務は、そうとう膨らんでいますね。

李　前の保守政権がコツコツ貯めたおカネを、今バンバン使っている。それで人気をかろうじて保っていっている。この状態が続けば、ギリシャ化するのか、もっと悪いとベネズエラのようになるかもしれませんね。

武藤　ＩＭＦに破産宣告されるようなことになれば、文在寅人気もがたんと下がることになるでしょうが、そこまでの状態にいつ行くかでしょうね。とにかく経済は明らかに悪くなります。財閥系の企業の収益が悪くなったら、これはもう手の打ちようがなくなってくる。

政権中枢は無能な「三八六世代」で占められている

武藤　韓国の場合、軍事政権があったから、その反作用として、文在寅政権のような左派政権が出てくるのだろうと思いますね。

李　軍事政権で誇張された反共反北朝鮮の歴史教育があった。そこに立ち向かって民主化闘争をして、今日の韓国を民主社会にしたのは左翼運動圏の人たちだというのが文大統領の信念です。

武藤　だから、なおさらそこを強調する。

李　そうですね。しかし、民主化闘争に参加した、いわゆる左翼運動圏の人たちは、ほとんど社会のためになるような仕事をしているとは言えません。

市民団体、政治の世界で、社会の隙間に入って、うまくというかかっこよく振る舞っているだけでしょう。そして社会をむしろギクシャクさせている。せっせと汗を流して国家建設に貢献した世代とは言い難いです。

武藤　たしかに言い難いですね。しかし、そういった左翼運動圏の人が、今、政権の中枢だけでなく、テクノクラートの世界にも入ってきてしまっている。

その一番いい例が、すでにお話ししましたが、二〇一八年十二月八日に発生した韓国高速鉄道脱線事故です。そのときの鉄道公社のトップの呉泳食《オヨンシク》氏は、三八六世代で、文在寅が任命した人だった。

文在寅が任命した、鉄道公社とその下請けの役員の三分の一が三八六世代です。そういった人たちが鉄道公社の中枢に入って、「寒さでもって脱線した」などと言って、テクノクラートからバカにされている。

運動圏の人たちがさらに中枢に入ってきて牛耳ったら、今後、朴槿惠時代以上に重大な船舶、列車事故が起きてくるのではないかと心配です。

李　公的企業や団体に、専門性のない人たちが、どんどん送られていっています。先述した通り、外交部長官の康京和《カンギョンファ》氏は通訳の出身で、国際的な交渉業務がわかる人とは言えません。そんな人が、職業的な体験を長年積んできた外交官の上にそびえ立って、文在寅氏の言いなりになって「ああしろ、こうしろ」とやっているから、外交部はほとんど機能していない。

武藤　たしかに、まったく機能していない。

李　だから、私は、文在寅政権をアマチュア政権だといつも批判しているのです。

今年（二〇一九年）大統領秘書室長に就任した、盧英敏《ノヨンミン》氏は大統領選挙において選対組織本部長を務めて、党内予備選での文在寅圧勝に貢献したと言われる人物です。外交経験も中国に対する知識も経験もまったくないにもかかわらず、文大統領は中国大使に任命した。それまではいいとしても、大統領秘書室のポストが空いたら、今度は彼を中国から、すぐに連れ戻して秘書室長にしています。

私がもし中国の外交部の人間であったら、ものすごく怒るはずです。中国は韓国にとって大事な国なのに、まったく中国を知らない左翼運動圏の人を中国大使に任命しておいて、今、中国との間でいろいろ問題があるにもかかわらず、自分の都合で、すぐに連れ戻す。こういう人事が、外交であるものですか？

武藤　普通はないでしょうね。日本の文政権の初代大使も左翼運動圏の人ですからね。

李　そうです。

武藤　日韓関係を大事にしようと思ったら、日韓関係について、多少なりとも理解のある人を持ってくるべきです。

李　イギリスの外交官の記録などを読むと、生涯、外交畑で訓練を受けて、国が大事に外交官を育てている。

武藤　私は、何も外交官出身の人を大使にしたほうがいいとは言いません。広い知識を持っていることは、大使としても役に立つと思います。国が大きくなれば、外交官出身以外の人を大使にしてもおかしくないでしょう。日本も時々そういう人を任命しています。賛否両論でしたが、伊藤忠の丹羽宇一郎氏が中国大使をやったりもしました。

しかし、政治的な運動だけをやってきた人を大使に持ってきたら、それはおかしくなってしまいますね。大使として大事なことは任国の人から尊敬され慕われる人です。李大使がそうでなかったとは言いませんが、左派色の強い運動圏の人を民主国家の大使として派遣しても評価はされないでしょう。ちなみに、私も大使時代は親韓派、知韓派で通っていました。文政権批判をやり過ぎて、今は保守層の人を除き、批判されていますが。

李　大使はその国の要人たちと会って情報交換したり、交渉したりしなければなりませんよね。その国に関する知識や人脈がそこそこある人でなければ交渉も満足にできないし、国益が損なわれる可能性も高い。

国内の鉄道公社であれば、送り込まれた人が、たとえ自分が何もしなくても、下の人にやらせれば済むかもしれません。しかし、外交はそういう世界とは違うと思いますけどね。

武藤 公社にしても、送り込まれた人が下に任せないで、専門知識もないのに余計な口出しするから、おかしくなっている。

李 そうですね。すぐにはボロが出ないかもしれませんが、一つひとつを丁寧に積み上げるような政権ではないことが、非常に危惧されます。

見せびらかしたいために金正恩を韓国に呼びたい文在寅

武藤 素人外交極まれりという実例を一つ。昨年（二〇一八年）十二月はじめに、文在寅大統領が金正恩を年内にソウルに呼びたいと言っていましたね。年内に来る可能性があるのであれば、公に言うのはいいけれど、可能性が薄いにもかかわらず言うのは、ほんとうに素人集団だと思います。

李 ほんとうにすべてにおいてアマチュア集団なんです。

武藤　あの発言を聞いて、私は「金正恩が万が一にも韓国に来るようなことがあったらまずいな」と一瞬思ったのです。金正恩にソウルに来いということは、金正恩に相当なお土産を持たせないと、彼は来るわけもない。お土産をやるということは、北朝鮮の窮状を救うことになり、非核化をますます遅らせることになる。

北朝鮮と仲良くするのはいいけれど、自分から進んで丸裸（在韓米軍撤退等々）になって、それで北朝鮮に非核化を迫ることなどできるわけがない。

李　そんな発言をするのは、文在寅大統領がいつも希望的な観測をするからです。彼には、まず金正恩が来てほしいという期待がある。だから、それをすぐに口に出してしまう。どんな状況下で可能になるかを検証し、コツコツと実務をこなす発想がない。

私のような外交の素人でも、金正恩がソウルに来ないだろうと予測できた。

というのは、金正恩は、平昌五輪（二〇一八年二月九日から二月二十五日まで開催）以降、いろいろなことをやったのですが、まだ、〝お土産〟を貰っていない。彼がソウルに来ても、何かが貰えるという状況でもない。

「十二月十二日から十四日までのあいだに来る」とまで言って、緊急に警備・警護を強化するよう指示し、期間中には訪韓団のためにソウルの一流ホテルの部屋もおさえたと言われます。しかし、北朝鮮の最高指導者が来るとすれば、その先遣隊が来て、韓国の警備体制が安全だとしても、すり合わせが必要だし、確認が必要です。

そういう前段もまったくない。その命・尊厳が、国の命運と直結する北朝鮮の最高指導者の金正恩が、何の前触れもなく来ると思っている青瓦台の神経が、私には理解できません。この人たちは、まったく物事をわかっていないのか、希望的にしか問題を考えないということなのか、それとも単なるバカなのか？

武藤 金正恩が、同じ共産主義国家の中国に行くのとはわけが違う。ソウルに来るということは大変なことだから。

李 大変なことです。韓国の国家安保法によれば、金正恩は反国家団体の頭です。法に忠実な政府であれば、金正恩が来たら逮捕できる権限があるし、逮捕しなければならない。つい最近の三月二十八日に韓国の市民団体は、金正恩が韓国を訪問した場合、即逮捕し「人権蹂躙の犯行を厳正に捜査、厳罰にせよ」と、告発状を大検察庁に提出し、受理されました。韓国検察は、四月二日、公安一課の名義で、告発状を受理し、ソウル地方検察庁公安課に移管、捜査を命じる措置をとったことを明らかにしました。これで、金正恩は韓国の土地を踏んだ途端、犯罪容疑者として逮捕される可能性がでてきました。

金正恩を告発したのは大韓民国守護非常国民会議（常任代表、朴寛容）、大韓民国守護予備役将星団（退役将軍約六百人で構成）など三十九の保守団体と十六の脱北者団体などです。このような措置が意味のあることなのかというと、私は大変大きな意味をもつと思います。

いま、韓国には二七％近くの人々が金正恩に好感をもつという調査結果もありますから、これらの人たちに警鐘をならす効果もあるでしょうし、彼はそもそも犯罪者であるということを喚起する効果もあると思います。

この告発は、二〇〇七年に韓国が制定した「国際刑事裁判所管轄犯罪処罰等に関する法律」（二〇一一年四月に改訂）を根拠にしているようです。長文の告発状を全部読んでみたのですが、金正恩の罪名は「人道に反する罪」とし、犯罪事実をしめす材料として、二〇一四年二月、ジュネーブで開催された国連人権理事会、第二十五回本会議で採択された「北朝鮮の人権状況に関するＣＯＩ報告書」と韓国の統一研究院が発行する「北韓（北朝鮮）人権白書」、北韓人権情報センター、大韓弁護士協会がまとめた「人権白書」を提出し、併せて各種調査資料を根拠にしています。

たとえば、金正恩は政権の座について以来、一切の法的手続きを無視して高位公職だけで二〇一二年には三名、二〇一三年には約三十名、二〇一四年には六十名と、どんどん多くの人命を奪い、現在まですくなくとも政権中枢の幹部だけで三百四十人を処刑したという具体的な事実関係も列挙しています。

そして、北朝鮮では組織的に「思想と表現および宗教の自由を抑圧しており、居住、移転の自由を抑圧、食糧権と生命権をはく奪している」。日常的に組織的に「強制的な抑留、拷問、処刑、政治収容所への監禁」、国外で拉致など犯罪を行うなど人権を蹂躪する行為があったと断罪しています。

北朝鮮当局の人権蹂躪行為の多くは金日成、金正日時代に行われたものだから金正恩を問責することはできないのではないかという指摘もあるようですが、国連が報告書をまとめた時点は二〇一四年、つまり、金正恩時代に入ってからの、現在進行中の犯罪についてです。しかも、いまだ金日成、金正日時代と全く同じことをやっています。

もしも、韓国検察がこの捜査に真剣に取り組み、金正恩を起訴すれば、彼は韓国の土を踏むことは難しくなるでしょう。逮捕されることを覚悟の上ではないと韓国には行けない。韓国が制定した「国際刑事裁判所管轄犯罪処罰等に関する法律」は簡単にいうと

「人道に反する罪を犯したものが韓国領土内に足を踏み入れたら逮捕して処罰することができる」という法律です。この法律が適用されたら金正恩は死刑、または長期の禁固刑に処されることになりますから、ソウルにはますます来にくくなりますね。

それでも文在寅氏はいまだに金正恩のソウル答訪に未練を抱いているようです。金正恩と一緒に写真をとったり、政治ショーをやれば支持率があがりますし、いままでそうでしたからね。

しかし、こういうことを韓国のメディアなどは、理路整然として報じることはない。感情が先走りして、「来るか、来ないか」という話題だけを取り上げるのです。

文在寅は平気で嘘をつく

李　ともあれ、今、韓国の政権そのものがどんどん劣化している。

武藤　文在寅政権は発足する前からひどいと思っていたけれど、ますます悪くなっている。韓国の人たちも、文在寅政権も、そうとう追い詰められている。

ベトナムでの米朝会談直後の世論調査（韓国ギャラップ。三月十五日発表）では、文在寅大統領の不支持率（四六％）が支持率（四四％）を上回った。経済不調が不支持の第一の理由ですが、会談が物別れになって北朝鮮との宥和政策が成功していないことも大きい理由に上げられていましたね。経済再建はまず無理だから、北朝鮮との友好ムードを高めないことには支持率の回復は難しい。だから、必死になって北朝鮮にシグナルを送るわけです。

李　実際、世論調査の動向を見ると、北朝鮮と政治的なショーをやったときだけ支持率が上がっている。しかし、国民も、文大統領の自作自演の北朝鮮ヨイショショーも、もうあきてしまった。韓国人が冷静に、政権が今何をしていて、国全体がどうなっているかに目を向ければ、間違いなく支持率が今後下がり続けていくと思います。韓国の世論調査などの専門家の見方では、今の支持率もかなりのバブルだという指摘があります。

武藤　挙句の果てに、文在寅大統領は、北朝鮮からも「韓国は米国の同盟国だから仲裁者ではなくプレーヤー」（北朝鮮の崔善姫外務次官発言）と言われ、袖にされている。韓国の国民が期待しているのは経済の立て直し、良い就職口を得る機会の創出です。これができず、夢物語の北朝鮮との融和に突き進み、米国からも北朝鮮からも見放されて、窮地に陥る文大統領。これまで、文政権の基本的な支持層は二十代の男性だった。しかし、そこが崩れてきている。

李　そうですね。

武藤　文在寅氏が大統領に当選したのは、左翼票以外に「朴槿恵前大統領はけしからん」という浮動票を大量に獲得できたから。

李　ただただ、朴槿恵前大統領が憎いから。立候補者の中では、彼が良さそうだからということだった。

武藤　ニコニコしていて、あまり激しいことは言わない。当たり障りのないことしか言わないという印象を与えた。しかし、大統領になってから、やっていることは全然違う。

李　新年の記者会見でも、文在寅大統領は、「金正恩がやろうとしているのはＣＶＩＤに近いものだ」と言っていました。実際にはトランプ大統領との会談で、それが嘘だということがはっきりしました。

武藤　文在寅大統領は、とにかく言っていることと、やっていることが全然違う。これはありとあらゆるケースでそうですね。言葉では調子のいいことを言って、国民はそれで騙されてきた。

李　調子の良い仲人、詐欺師みたいなものですよ（笑）。韓国国民がいつまで騙されているかが、文在寅政権の命綱なんでしょうね。

文在寅はトランプをミスリードした

李 先述した通り、今、韓国は、国際社会で信用が落ちています。

武藤 昨年十月、訪仏した文在寅大統領が「北朝鮮は非核化するから、ぜひ制裁を緩和してくれ」と言って、マクロン大統領からバカにされたことがあった。最近、ヨーロッパの国々も、中国や北朝鮮の動向に対して非常に危機感を覚えています。

北東アジアなどは遠いから関心が薄かった以前のヨーロッパとは、だいぶ違ってきている。北朝鮮についても、かなりシビアに見るようになってきている。「北朝鮮は、もう非核化しないだろう」という見方が、ヨーロッパで定着してきていると思う。

李 昨年（二〇一八）四月の板門店会談を控えた一週間前の四月二十日に、朝鮮労働党中央委員会第七期第三回総会が開かれました。そこで、いくつかの決定事項を採択したのですが、金正恩はそこではっきりと「核開発は科学的な方法で、もう完成している」と言っています。決定書には次のように記されています。

「一、党の並進路線を貫徹するための闘争過程に臨界前核実験と地下核実験、核兵器の小型化、軽量化、超大型核兵器と運搬手段開発のための事業を順次的に行って核の兵器化を頼もしく実現したということを厳かに闡明《せんめい》する」
「核の兵器化の完結が検証された条件の下で、今やわれわれにいかなる核実験と中・長距離、大陸間弾道ロケット試射も不用となり、それによって北部核実験場も自己の使命を果たしたと強調した」（平壌二〇一八年四月二十一日発朝鮮中央通信）

すなわち、核兵器の小型化が完成しているので、北にある核実験場は使命を終えた。長距離弾道ミサイル実験も、すべて科学的に検証されているので、もはや必要なくなったと、はっきりと書かれています。

だから、金正恩は、昨年一年間、党大会で決めた通りに、核実験場を破壊し、ミサイル発射台解体をはじめたということです。

武藤　しかし、新しいものをつくっているわけでしょう？

李　もちろん新しい開発もすすめています。国際原子力機関（ＩＡＥＡ）は、北朝鮮はいまなお核活動を継続していると発表しました。シンガポールでの米朝会談後、最近に至るまで北朝鮮は核弾頭六個分の核物質をさらに生産したとも言われています。その間北朝鮮が非核化措置だと称してやったのは、必要のなくなった核実験場を爆破し、ミサイル発射台を解体したことですが、文在寅大統領は、「北朝鮮は非核化に向けて行動している」と、ごまかしてか誤解してか言っているのです。

武藤　保有している核そのものを解体しようという動きはまったくないし、核実験場などは、潰したとしても、また新しいところを、いくらでもつくれる。

李　スクラップ&ビルドです。

それと二〇一九年の新年の辞での金正恩の言葉を文面どおりに素直に読むと、「核を先制使用しない。拡散させない」というくだりがあります。これはNPT、不拡散条約の中で、核を持っている国、保有国の語るべき話なんです。

つまり今、武藤さんがおっしゃったように、すでに完成している核をどうするかについては、まったく触れてもいないし、今まで北朝鮮はそうしたことを言ったこともありません。

「将来、実験などはしませんよ」「これから核能力を高めることはしません」ということは、すなわち北朝鮮がすでに核を持っているからということです。
文在寅大統領は、トランプ氏に、「金正恩は非核化の意志があって、それは確固たるものだ」とミスリードしてきた。とにかくそういう流れの中で、米朝首脳会談が二度は実現した。しかし、その結果はすでに述べたとおりです。少なくともアメリカは今までの政権のように騙されることはなく、安易な妥協には与していないのは結構なことです。これも安倍首相の「妨害」があったからこそでしょう（笑）。

今や南北統一の方向を止められない

武藤　ともあれ、文在寅大統領は、北朝鮮と一緒に未来永劫、左翼勢力が韓国での政権を握るような国をつくりたいわけです。

李　朝鮮戦争の終結宣言をして、在韓米軍が撤退すれば、次は南北連邦国家樹立を文大統領は夢見ている。外交・軍事は独自にやるけど、内政は一体化していく。要は一国二制度というイメージです。香港と中国の関係よりは緩い連邦制になるかもしれない。金大中時代に、彼が提唱した低い連邦制とは、外交も軍事も経済までも、すべて独自でやりながら、緩やかな連合を模索していました。あのあたりから始めようと考えているのでしょう。

同じようなことは、金日成《キムイルソン》（一九一二～一九九四年　北朝鮮の建国者）も提唱したけれども、北朝鮮が狙っているのは、金一族がロイヤルファミリーのように南北の上に君臨しようとしています。しかも象徴的ではなく、唯一絶対権力を持って、その下に韓国政府と北朝鮮政府がぶら下がるような構図です。北朝鮮が韓国を「当局」と呼ぶのは、その意味なんです。

それで金正日《キムジョンイル》（一九四一～二〇一一年　金日成の長男、父・金日成の死後、最高指導者）までは、そういう構図で韓国と接していた。

武藤　そうでしたね。

李　しかし、韓国の多くの人たちは、事実も突き詰めずに一国二制度の低いレベルで北朝鮮と統一すれば、戦争もなく平和に暮らせると夢想しています。同等合併だと勘違いしている。

武藤　いったんその方向に踏み出したら、韓国は北朝鮮に吸収合併されてしまいますよ。

李　しかし韓国が北朝鮮と一緒になることは、汚染水と飲み水を混ぜるようなもので、韓国も駄目になるでしょう。もしも北朝鮮が核を持ったまま南北が一緒になれば、韓国は北朝鮮の「子会社」みたいな存在になる。「親会社」(北朝鮮)に搾取される構図になりかねない。だから「(南)ベトナムのようになる」と心配している人が多い。ベトナム戦争に、アメリカが事実上敗北。パリ協定を無視して一九七五年にベトナムが南に攻め入り、サイゴンが陥落。当時は「解放」と称していましたが、ボートピープルが輩出し、亡命者が続出した。同じ運命を韓国の人たちも甘受する恐れがありますね。

武藤　その方向を止められないのが、今の韓国の状況です。文在寅政権を正面から批判できないという恐ろしい社会になってしまった。それが何を意味するのか。韓国の人たちは、北朝鮮という社会は、政府に対して文句のまったく言えない社会だということを充分に理解しなければいけない。南北統一というのは、そんな北朝鮮みたいな国に、韓国がなっていくことをも意味しているのですから……。

北朝鮮と韓国は同じ穴のムジナ

李　その流れを加速化するためにも両者はなにをしているのかを少し探ってみましょう。

まず注目すべき言動しては、文在寅大統領が新年の記者会見で、寧辺《ニョンビョン》の核施設の話に少し言及しましたね。このことから分かるのは、北朝鮮と文大統領は、秘かに共同でアメリカ対策を練っているのではないかということです。

武藤　アメリカをどうやって丸め込むかと相談・談合し合っている。

李　これは、非核化推進とはまったく逆の行為ですね。

武藤　アメリカと韓国が一緒になって、北朝鮮をどうするかを考えなければいけない。しかし、今、韓国と北朝鮮が一緒になって、アメリカをどうするかを考えている。

李　日本との関係も同じように。

武藤　日本との関係も同じなんでしょうね。

李　日本と一緒に北朝鮮をどうするか考えなければいけないのに、韓国は北朝鮮と一緒になってアメリカと日本対策を練っている。

武藤　だから、日本は「文在寅大統領、ふざけるな」と主張しなければならない。

李　そうですよね。文在寅大統領は、北朝鮮が寧辺の核施設の査察とICBMを少し破壊する線で、制裁の一部を緩和してもらい、アメリカに朝鮮戦争の終結宣言をしてもらおうと考えていた。

武藤　さらなる見返りとして、閉鎖されている開城工業団地を再開させろと。

李　これは最悪だと思います。それらの思惑については、ベトナムでの米朝会談が物別れになり実現されずよかったのですが、同じ穴のムジナである両国の策略には今後も、日本はアメリカと協調して注視していくべきです。一刻の油断もしてはいけない。

北朝鮮経済はいま追い詰められている

武藤　李さんに一つ、お伺いしたかったのは、北朝鮮は、「制裁緩和」を盛んに言っているでしょう。実際、今北朝鮮の経済はどういう状況なんですか。とくに人民の生活がそうとう厳しくなっているのは事実ですか？　食料配給が一人あたり一日三百グラムとか……。

李　事実です。まず貿易データを見ると、昨年（二〇一八年）一月から十一月までの中国税関叢書では、中国への輸出が九割減です。ですから、一億九千万ドルくらいしかない。かつて、二〇一六年だけでも、北朝鮮から二十三億ドル輸出したので、一〇分の一になっている。北朝鮮の輸出はほとんど中国相手ですから、昨年の外貨収入は二億ドルぐらい。ほかに出稼ぎ労働者からの収入くらいです。

武藤　これもずいぶん締め上げられているでしょう。

李　そうです。北朝鮮の麻薬密売、通貨偽造なども行っている、金正恩直属の外貨獲得機関である「三九号室」から亡命してきた幹部の証言によると、金正恩は、平昌《ピョンチャン》オリンピックをきっかけにアメリカが対話に応じてくれれば、経済制裁が緩和されると見込んで、父親の金正日から残されたカネを大量に使って、元山《ウォンサン》のリゾート開発もやったりしている。そのために二〇一八年末には、北朝鮮の外貨が底をつくのではないかという話でした。

武藤　だから、今もっと締め上げれば、北朝鮮が変わらざるを得ないような状況になってくるでしょうね。

李　歴史の経緯を見れば、二〇〇六年から二〇一七年十二月まで、国連安保理の制裁決議案は一一回採択されています。

しかし、六回まではまったく意味がなかった。道徳的な問題で北朝鮮を非難することでは意味があったのかもしれませんが、中国の反対に遭って、ほとんど実質的な中身がなかった。

武藤　制裁も、なし崩しで事実上緩和されていった。

李　しかし、二〇一七年十二月の一一回目の制裁決議では、北朝鮮への石油精製品の年間輸出量の上限を五〇万バレル相当に設定し、北朝鮮労働者の本国への送還の期限は二年以内などと、いろいろな厳しい制裁を具体的に事細かに加えて、そこで北朝鮮経済の約三〇％以上を抑えたのです。

武藤　それでも三〇％。

李　三〇％にしかならないので、まだまだやることはたくさんある。それでも、今、北朝鮮は困っているぐらいですから。

武藤　北朝鮮ほんとうに困ってきているから、二回目の米朝会談で全面制裁解除を強く要求したわけだ。現に昨年のシンガポールでの第一回米朝首脳会談から帰国後、金正恩委員長は軍ではなく工場、農場などの経済施設をさかんに訪問していました。一見、政策の重点を経済に移した穏健路線と見えますが、実際はそれだけ経済が苦しいことを物語っているのでしょう。

李　そうです。

文在寅は北朝鮮にカネを運んだ?

武藤　困っているからこそ、文在寅大統領が北朝鮮を秘かに援助しているのではないか。例えば、文大統領が二〇一八年九月十八日(〜二十日)に北朝鮮を訪問したとき、飛行機の中にドルをそうとう積み込んだのではないかという話もありますね。

李　確認はできませんが、韓国でそんなことを言う人もいます。文在寅大統領が平壌を訪れたときには専用機一機と予備一機の二機で行った。

翌日、さらに二機飛んで合計四機飛んだ。これは韓国国民にも一切知らされていなくて、二十トンの軍用輸送機で、韓国大統領府の説明では、防寒着を運んだという。防寒着を運ぶなら一機で十分でしょう。

武藤　防寒着も制裁対象ではないですか(笑)。

李　防寒着は白頭山に登るためということですが、それも嘘の可能性が高い。その輸送機が、一体何を運んだかという疑惑がある。

武藤　金の延べ棒だったりして(笑)。

李　ありえますね。さらに、韓国にＣＪという日本の佐川急便のような会社があるのですが、文在寅大統領が北朝鮮を訪問した時期に、ＣＪの車が平壌市内をうろうろしていた。そのＣＪが、まさか人は運んでないでしょう。

武藤　韓国のメディアにはミカンだと出ていたけれど、そうとうカネが含まれているのではないかなどと言われているでしょう。

李　ミカンを運んだのはその後です。北朝鮮で接待をうけた答礼《とうれい》として軍用輸送機を動員し、二日間にわたりミカン二万箱を運びました。しかし、本当にミカンだけを持って行ったのかは誰も知りません。韓国メディアは、実際にミカン農家に行って調べるといった努力をしない。

武藤　六者協議などが行われたとき、日本の新聞記者は、早い時間から会場に行ってずっと待っていた。ところが韓国の記者たちは、韓国政府が来る時間になると、ワァーとやって来て、すぐに去っていく。韓国のプレスって、そんなものですよ。

李　ミカンを送ったのなら、どの農家から、どんなミカンを、どのぐらい調達したのか調査して報道すべきでしょう。そんな具体的な報道はいっさいない。

武藤　だから、裏でいろいろなものが北に流れているだろうと推察するしかないのですが、状況証拠は「クロ」に近い。

次々と上がる北朝鮮援助疑惑

李　もう一つ、文在寅大統領が平壌を訪れる前に開城工業団地に南北共同連絡事務所（二〇一八年九月十四日開所）をつくりました。

そのとき国会に、開城工業団地に元々あったオフィスを少し修繕しなければならないからと、予算八千万ウォン（一ウォンが〇・一円として約八百万円）を要求した。ところが、年末に出された報告を見ると、九十九億ウォン（約九億円）かかっています。蓋を開けると百倍ぐらいになっていたわけですよ。八十億ちょっとで建てた建物の修繕費に九十九億ウォンを使っているというわけです。

どう使ったのか、わからない。そういうおカネがどこに行ったのか、韓国メディアはまったく追及していない。政府は、国会で北朝鮮に行ったり来たりする労働者たちの経費やその他人件費がかかったなどと言っているのですが……。

武藤　今の国家情報院は、ほぼ北のエージェントですからね（笑）。

李　そういう不思議なことが、たくさん起こっています。平昌オリンピックのときに、万景峰号《マンギョンボン》が来ましたね。それに三池淵《サムジョン》楽団の百五十人が乗ってきた。

百五十人であれば、バスで来れば経済的で安上がりです。しかし、彼らはわざわざ平壌から万景峰号に乗れる元山近くまで行ってから、船に乗り換えて来た。なぜ、わざわざ万景峰号に乗せてきたのか。

武藤　万景峰号を韓国の港に入れるデモンストレーションだった？

李　私も当時テレビ出演したときに「港に入れるためだ」という解説をしました。ところが、その時、不思議なことが起こって、その万景峰号が寄港したあと、韓国政府がそこにバスで高い壁をつくった。

武藤　港の万景峰号を隠したんですね。

李　上空は飛行禁止にした。ところが、二十トン・トラックが何台も出入りするのを撮られている。

合理的に考えれば、万景峰号は、いろんな物を受け取るためにやって来たわけです。陸路であれば検査される。飛行機ではたくさんの物は持ち込めない。だから万景峰号が来て、なんらかの支援物資を韓国からもらって積み込んだとしか思えません。

武藤　それにしても、文在寅大統領は、裏で北朝鮮支援をかなりやっていますよね。

李　それがドルなのかウォンなのか、ミカンなのか金の延べ棒なのかは、確認できませせん（笑）。

とにかく不思議なことが、ずっと起こっている事実を我々は見過ごしてはいけない。

文在寅政権は確信的な親北朝鮮

李　二〇一八年五月二十六日に、南北軍事境界線がある板門店の北朝鮮側施設「統一閣」で行われた二度目の南北首脳会談のときにも、まったく国民には知らせずに、文在寅大統領は、車でスーといなくなっています。これは普通の国家だったらありえないでしょう。

武藤　ありえないですよ。

李　国家非常事態なのに、ひそかに何時間も北朝鮮側に行きました。こういうことは、普通の国家運営の常識からはありえない。そんなことを平気でやるからアマチュア政権と揶揄もされるわけですが……。

武藤　いや、ここまでくると、もはや「アマチュア政権」というより、「確信犯政権」と言ったほうがいいかもしれませんね（笑）。

要するに北朝鮮に肩入れする、北朝鮮を助ける。それを確信を持ってやっている政権が、今の文在寅政権です。非常に危険な政権です。危険な政権であると同時に、北朝鮮をまともな方向に変えるためには、ものすごく有害なことをやっている政権です。

李　百害あって一利なしです。

トランプ大統領の対北朝鮮戦略を批判する人もいますが、「北朝鮮との話は続けるが、急がない。制裁は続ける」という戦略は、金正恩にとって、一番イヤな戦略だと思います。

武藤　北朝鮮の非核化を実現するためには、制裁を続けるしかないもの。

李　しかし、文在寅大統領が、そんな援助を秘かにしてしまうと、制裁の効果がなくなる。

武藤　制裁の効果を損ねているのが文在寅政権だというのは間違いない。しかも、朝鮮半島の当事国たる韓国が制裁破りをすれば、他国に制裁を遵守させる動機は薄くなりますよね。

李　金正恩を追い詰めるために、中国でさえ、国際社会と協力しているというのに……。

武藤　中国もいやいや、やむを得ず協力しているだけです。しかし、堂々と協力しないのは文在寅大統領だけです。

李　そうですね。中国は、文在寅大統領がそこまでやるなら、「俺たちだっていいじゃないか」となりかねません。地続きの二つの隣国が制裁破りをしたら、北朝鮮の延命に手を貸すだけです。

北朝鮮の核は韓国に向いている？

李　文在寅大統領の発言や過去にやってきたことを整然と並べたら、韓国国民も彼に投票をするのに躊躇せざるを得ない部分がいろいろあると思います。ところが、韓国人は冷静にその事実を見ようとしない。

武藤　韓国の人たちのものの見方は、基本的に期待値が高い。

北朝鮮問題についても、アメリカが体制を保証すれば、あるいは制裁を緩和すれば、非核化するだろうと思っている。また、北朝鮮は、同胞たる自分たちを軍事攻撃することはないだろうと思っている。そういう期待値で、常に北を見ているわけです。

ところが、アメリカが体制を保証すれば、北朝鮮が非核化するかどうか。

北朝鮮という国は、夫婦のあいだでも、お互いを信用させないで、密告させている。それだけ人を信用しない社会を築き上げている。そういう国が、アメリカが体制保証したからといって、信用して非核化するはずがない。私は、絶対にありえないと思っている。

李　その点は、私もありえないと思っています。

武藤　もう一つ、同胞たる韓国は攻撃しないだろうということについても疑問です。ナンバー・ツーは常に殺して、しかも自分の実の兄をサリンで殺すような人が、同胞に核を向けないはずがない。

李　その通りですよね。そもそも、韓国人は「北はなぜ核をつくったのか」を冷静に考えなくてはいけない。アメリカ本土そのものを攻撃するためではないですよね。そんなことをしたら当然核による反撃を受けることになる。

それでは、中国を攻撃するのかといったら、それも必要ない。ロシアと対決するのか、それでもない。どちらも核大国。

日本を攻撃しても、何の得にもならない。北朝鮮が核を持ったのは、明らかに韓国を威嚇して、韓国より力を持って優位に立つためにほかなりません。韓国に対して核による脅しを掛け、場合によっては、韓国をいっきに制圧するためです。

私はそう思っていますし、アメリカの前駐韓米軍司令官のブルックス司令官もそう言っていました。ところが、韓国人は、まったくそう考えないのか、考えたくないのか。自分の問題として、北朝鮮の核を取り上げないですね。

武藤　自分の問題として真剣に考えようとしない。一番の大きな原因は、要するに韓国の人たちの中では、「こうあってほしい」ということが、「こうあるだろう」に変わってしまうのです。だから核の問題もそうなる。文在寅大統領の言っていること（「北朝鮮は非核化する」）も、みんなわりと鵜呑みにして信じてしまう。冷静に考えたら、そんなことはないのがわかるはずですがね。私も韓国で大使として、韓国と北朝鮮との関係をウォッチしていましたが、常に期待値の部分は割り引いて理解するよう心がけていました。

統一されたら最初に粛清されるのは文在寅

李　武藤さんは控えめに「韓国人は期待値が高い」とおっしゃったけど、韓国人は、根拠なく希望的に物事をとらえるのです。文在寅大統領の言動に、それがはっきり出ている。

武藤　文大統領は、希望的に考えているというよりも、確信犯でもって、「こうしてしまえ」と思っているのではないですか。

李　武藤さんは文在寅大統領が、「日韓関係をわざと悪くしようと積極的に動いている」とは思ってはいないとおっしゃいましたが、私は半信半疑です。ほんとうに常識ある指導者であれば、こんな反日的な行動は絶対にしませんよ。

武藤　たしかに、そのとおり。ただ、「わざと悪くしようと積極的に動いている」とまでは思わないと言ったのは、彼が別に日本が好きだからとか、日本との関係を良くしようと思っているという趣旨で言ったわけではありません。今、日本と関係を悪くするとアメリカとの関係もガタガタするし、北朝鮮との関係でも、今は日本と対立するよりは、この程度の関係を維持しておけばいいという程度にしか考えていないからだと思います。

李さんは安全保障の問題でも、文大統領は日本をむしろ敵国ぐらいに考えているとおっしゃったけれど、今はそこまで考えているかどうかわかりませんが、将来的にはその可能性があるとは思います。

文在寅大統領は、昨年（二〇一八年）八月十五日の光復節で、北朝鮮と一緒になって徴用工の問題を調査しようという、とんでもないことを言いました。だから、彼はすでに「北朝鮮はわが同胞だ」と思っている。その点は見落としてはいけない。

李　私は共産主義国の中国に生まれて大学教育を受けて、共産主義国の哲学が何なのかを学び、共産党機関紙（共産党機関紙黒龍江日報）の記者経験があるので、「政治思想は、自分の家族などを含めてすべてに優先する」ということがわかっています。党のためには全てを捧げる必要がある。

文化大革命時代に、子どもが、お父さんが共産党の悪口を言っていたと当局に密告して逮捕されたりしたことなど、たくさん見てきました。ですから、これは民族愛とか、そういう甘い認識が通じるレベルの問題ではない。

北朝鮮の政治構造を見ると、全国民を「核心階層」「動揺階層」「敵対階層」の三種類に分けて、さらに三階層を五十一とか六十四に細かく分けています。「敵対階層」は、戦前の地主出身だったり在日で帰国してきた人たちの一部も含まれていて特別監視対象で、強制収容所に入れたり、人間扱いしない。状況次第で揺れ動く「動揺階層」も監視対象になる。人間扱いされるのは「核心階層」だけです。こういう人は外交官になれるのですが、その中からも「脱北者」が出てきているのは先述した通りです。

そうした人権侵害を行っている北朝鮮が韓国民全体を同胞と見なすかといったら、同胞とみなすのは、韓国の中でも、政治的な必要性に応じて、北朝鮮に同調する少数の人だけでしょう。もし北朝鮮主導で統一がなった場合、大量粛清はもう火を見るより明らかです。

武藤　粛清される一番最初の大物は誰ですか？

李　まずは、文在寅大統領でしょう（笑）。

武藤　いや、私も同じことを思っていた。ただ、元大使としては言わない方がいいと思って我慢していました（笑）

李　間違いない。スターリンも毛沢東も金日成も、同じ釜の飯を食った盟友を真っ先に粛清してきた。スターリンはトロツキーをメキシコまで追いかけて暗殺させた。毛沢東も後継者だった林彪を殺した。独裁者と一番近い人が一番危ない。

武藤　共産党の独裁者は、ナンバー・ツーを絶対につくらない。だから、金正日・金正恩体制で実質的なナンバー・ツーであった張成沢《チャンソンテク》氏（一九四六〜二〇一三年）も殺された。金正恩と文在寅大統領が南北統一国家で、ナンバー・ワン、ナンバー・ツーを争うようなことになったら、これはもう血みどろになってきます。文大統領は金正恩委員長と仲良くしようとするでしょうが、金委員長にとってはどちらが主導権を握るかの争いです。負けた方は粛清されるのです。

第5章

なぜ韓国はつねに「反日」「親北朝鮮」なのか

韓国人は本当に「反日」を望んでいるのか

武藤　韓国の国民世論が、ほんとうに「反日」を望んでいるかと言えば、私は疑問です。というのは、韓国からの昨年の訪日客は約七百五十万人（日本政府観光局）で、中国からの訪日客が八百三十八万百人（同）ですから、人口差が二十倍以上大きくある中国とほとんど同じ人数が来ていることになります。

実態を見れば、韓国人は、「日本が好き」「日本人が好き」だと思います。だから、いくら政府が「反日」を示したからといって、韓国でそんなに共感を受けない。しかし、「親日だ」と言われたら、ものすごくマイナスなんです。

政治家も反日を標榜しないと、支持層が離れていく。慰安婦の問題も、慰安婦の八割近くの人が合意を受け入れると言っても、二割の文在寅大統領の支持層が受け入れないと言ったら、彼はこれを潰すことができるわけですよ。

昔と比べて、それほど反日がプラスに働かないのですが、親日は相も変わらずものすごくマイナスになる。ここが今の韓国の現実だと思います。

李　現実的に日韓関係を今後どう改善していくか。いい方法がないかと考えているのですが、なかなかいい方法はない。

武藤　文政権の姿勢が変わらない限りないですね。

李　ただし、消去法で、「こういうことはしないほうがいい」ということはあります。たとえば、韓国の観光客に対して「ビザを強化する」といったように、厳しく締め付けるのは良くない。北朝鮮や中国など共産主義国家が、よくやっている方法ですが、中国と日本の間に国交がないときに、われわれがどういう教育を受けたかというと、「日本の大多数の人民はいい人。ごく少数の軍国主義者たちが問題なんだ」というので、人民と政権を切り離して、政府は敵視しつつも人民に対しては称賛していた。

日本もそれを習うわけではないけれども、今、武藤さんがおっしゃったように、韓国人でも、口では公には言わないけれども、日本が好きな人が多い。韓国のメディアも、「日本が正しい」とは決して言わないけれども、何か事故が起こったりすると、「日本はこういうふうにやるのに……」と、「日本を見ならえ」的な報道をよくしています。

たとえば、今、ＰＭ２・５の問題が、中国と韓国のあいだで問題になると、「日本は中国に近くても、ＰＭ２・５が問題にならないのはなぜか。というのも……」といったように、日本の良さと韓国政府との対応の格差をさりげなく比べる。ある意味、日本の良さはわかっている。

ですから、日本は韓国の日本に友好的な一般の人を敵に回さないほうがいい。

武藤　そのとおりですね。何ができるか考えた場合に、前の章でも言ったように文在寅政権の政策に対する措置と未来の日韓関係を分けて考えるべきだと思います。

ビザを止めるということは、まさに将来の日韓関係を損なうもとになる。

この一連のことで、日本も多少感情的になってしまっている側面があって、そういう意見も一部には出てきている。しかし、ビザを止めて損するのは日本です。韓国の人たちは日本に行きにくくなれば、別のところに行けばいいだけです。

日本は、韓国からの観光客で利益も得ている。それに観光客が増えて韓国人がじかに日本を見て日本人と接する機会が増えることは、韓国人が日韓理解を深める最大のチャンスでもある。それを閉じてしまうのは、日本にとってマイナスになる。

むしろ日韓関係を悪くしないで、文政権を困らせることをやるべきです。それは文政権の北朝鮮制裁破りを国際社会に持ち出すことです。

韓国国民は、なぜ「親北朝鮮」なのか

――「反日」「親日」とならんで「反共（反北朝鮮）」「親北朝鮮」の感情も韓国民の中に複雑なものとしてあると思いますが、いまはどうなんでしょうか。「南北統一」に対しても濃淡の違いはあっても、韓国人は右も左も熱望しているんでしょうか。

李　韓国の憲法では、北朝鮮を韓国の一部と見なしています。

今は、非合法団体の労働党政権が、北朝鮮を占領しているという解釈になるので、いつかはそこを取り戻さなければならない。

ですから、南北統一は、韓国国民の宿願です。韓国の愛国歌の第一番目の歌詞の最初が、「われわれの宿願は統一」とはじまる。そのくらい統一に対して、非常に強い思いがあります。しかし、どのように統一すればいいか、誰が主導権を握ってやるか、というところでは、意見が立場によって違います。

その点、北朝鮮には「世論」はなく指導者の意図として、南朝鮮を吸収合併する型の統一しか考えていない。一九五〇年の朝鮮戦争は、北朝鮮が北朝鮮主導で統一するため

に起こした戦争でした。爾来《じらい》、北朝鮮はその野心をいまだに捨ててはいません。

武藤 だから李さんが言ったように、北朝鮮は核開発をして、その威力・威嚇で韓国を脅してでも統一をしたいと思っているわけです。

李 そうです。一方、韓国も統一はしたいけれども、戦争を起こすと被害が大きいので、平和統一をしようと思っている。その認識には大きな違いがある。

武藤 ただし、韓国の若い人たちが統一したいかどうかは、ちょっと別問題ですね。

若い人たちは、今、自分たちの生活が苦しい。これ以上、生活を苦しくはしたくない。北朝鮮の民衆の状況を見て、統一したら、より悲惨な人たちを救うために、自分たちの生活がさらに苦しくなると恐れている。北朝鮮の人たちのために、自分たちが犠牲にはなりたくない。だから、建前では、「統一は実現したい」と言うけれど、本心では、必ずしもそうではない。文大統領は、そういう世論を知っていて、前のめりで北への宥和を焦っているのかもしれません。ちなみに日本人が統一に消極的だということは危険な面があります。日本はあくまでも南北の統一は当事者が判断することで、その意思は尊重すると言っているべきです。ただ、それはあくまでも韓国主導の統一であって、北朝鮮主導の統一に反対するのは当然のことです。

李　韓国では、北と南のどちらが正統性を持つ政府かという論争がいまだにある。韓国の一部の容共リベラルな学者や左派は、正統性は北朝鮮にあると考えている人が多い。なぜかというと、北朝鮮は建国時に、日本に協力した官僚や元警察などの人たちを人民裁判で処刑して政権を樹立したと称していて、それが筋を通していて立派だと見る向きがあるからです。

しかし、それは必ずしも事実とは言えない。たとえば、金日成の弟の金英柱《キムヨンジュ》氏は、戦時中、日本の関東軍の通訳をして日本に協力した過去がありますが、処罰されてはいません。だから親日派の粛清を徹底的にはやっていないのです。

にもかかわらず、北朝鮮は、抗日を戦って、しかも政権樹立時に、日本の残余勢力は全部粛清して国をつくったというイメージ（幻想）があるので、北朝鮮に正統性があると考える韓国人たちが少数とはいえいるのです。それに対して韓国は、日本に協力した元官僚、元警官・軍人など「親日派」を全部そのまま残して、国を再建した。だから、北に比べて、韓国は正統性がない政府だというわけです。

しかも、影響力の大きい韓国の教員団体の全教組が北朝鮮を正統だという教育をしている。全教祖は、ほとんど全国の小学校から中高にいたるまではびこって、激しい活動をして、北朝鮮を擁護しています。その教科書の解説も含めて、完璧に親北朝鮮教育をしてきた。ですから、今の文在寅大統領に同調したり、北朝鮮に同調したりする若者の多くは、全教組の影響が非常に大きい。すでにお話ししたように、この全教祖を朴槿恵大統領が、非合法団体に指名した（全教祖は、不当処分だとして、裁判所に非合法を外すよう訴訟中）。

もう一つは韓国にいる北朝鮮の工作員の存在です。一九九七年に韓国に亡命した主体思想の理論家でもあった黄長燁《ファンジョンヨプ》氏（一九二三〜二〇一〇年。『黄長燁回顧録 金正日への宣戦布告』文春文庫――などの著作あり）の証言によると、韓国国内に北朝鮮工作員は、少なくとも五万人いるということです。

朝鮮戦争前から韓国に根を下ろしていた北朝鮮寄りの人たち、北朝鮮から派遣された人たち、抱き込まれた人たちなどです。彼らがネットワークをつくって民族革命戦線などスパイ組織を構築した。その周りに、今の政権の人たち、軍事政権に反感を持って北朝鮮に同調的な人たちなどが、百万人いると推定されています。

それは解党させられた統合進歩党の支持率で計算すればわかることです。統合進歩党は、北朝鮮労働党の政治綱領とまったく同じ理念のもとにつくられた韓国の左翼政党で、そこから国会議員が六名出ました。それを可能にしたのは、故・盧武鉉《ノムヒョン》大統領の時代で、選挙を一緒に戦ったからです。文在寅氏は当時の盧武鉉政権の大統領秘書室長でした。統合進歩党の支持率が約二・五％だったのですが、韓国の有権者はザッと計算して、三千八百万人から四千万人くらいいます。そこからすると、約百万人が北朝鮮に完璧に同調する意見の人たちと言えます。

武藤　「北朝鮮があれだけひどい国だ」と言われていて、実際、脱北した人たちが、たくさんいますよね。韓国には、北朝鮮情報も入ってきている。それでも、なおかつ北朝鮮の（主体）思想に同調し、北朝鮮に対して愛着を示している韓国人がそんなにいる。これは日本人にはわからない心情だと思うし、私にも理解しがたいものがあります。

日本人には理解できない韓国人の北朝鮮へのシンパシー

――北朝鮮工作員が韓国政府の中枢にも入り込んでいるというのも、韓国国民はわかっている？

李　わかっています。

武藤　「北朝鮮が何をしているか」もわかっているし、「民労総はひどい」と、みんな思っている。それでも、これに対する具体的な反発が起きないのは、韓国の人たちは、頭で考えずに、感情で考えているからですよ。

李　そうです。事実を直視しないのです。

一万人が餓死したとしたら、その国の政治体制が悪いのは直感でわかりますよ。いくら何でも賛美はできない。しかし、同胞二百万人が餓死したというのに、それでも北朝鮮が、あたかもすばらしい国のように思っている。

武藤　非常に不思議なんですよ。北朝鮮という国が、いかにひどい国か、政治犯収容所がいかにひどいところか、ある程度、韓国に伝わっているはずですが、それが韓国の人たちの心に染みてはいない。

李　そうです。ほんとうに。

武藤　何故そうか。韓国の人々は頭で考えるよりもハートで理解する。要するに事実を直視するのではなく、こうあって欲しいというのが先にあって、それに反する事実は見つめないのです。これは北朝鮮との関係ばかりでなく日韓関係にも言えることですが。この点を理解しないと韓国が理解できない。韓国の政治家が事実を直視することから始めないと韓国はいつまでたっても今のような現実離れした政治をすることになるでしょう。
――先にも触れられたように、韓国にとって北朝鮮は、今まで建前上は敵だったのを、最新の防衛白書では削ってしまった。
李　オオカミ少年のように、「北朝鮮がやってくるぞ」と、七十年間、ずっと反共教育をした。しかし、「全然来ないじゃないか」「南北首脳が板門店で握手したじゃないか」といまはなってしまっている。しかし、そういうやりとりが可能になっているのは、第一にアメリカが、そして日本が韓国防衛の後ろ楯となってきたからです。朝鮮戦争で在日米軍の支援と日本の補給基地がなければ韓国は赤化統一されていたのは間違いない。
武藤　アメリカにいまも守られているからこそ、南北首脳会談ができるんですよ。
李　守られてきて、それがいかにありがたかったかを、身に染みてわかっていない。アメリカや日本と離れたら、そのありがたさが、たぶんわかると思います。
武藤　しかし、離れたときは、北朝鮮に蹂躙されている。
李　だからそのときは「時既に遅し」と。
――朝鮮戦争終結宣言をすれば、米軍は朝鮮半島にいる理由がなくなってしまう？
李　そうです。北朝鮮はそれを狙っている。

武藤　ところが文在寅大統領は、そうはならないと、ごまかしを言って、終戦宣言をさせようとしている。いかに彼が北朝鮮の肩を持っているかということです。それと北朝鮮と一緒になれば韓国経済は良くなるとの希望を抱かせている。これも欺瞞です。現実には負担が大きくなるだけです。われわれはそのことを、もう少し堂々と批判すべきです。レーダー照射事件などだけを叩かないで、北朝鮮との関係を叩くということが大事です。

北朝鮮の「現実」はどこまで韓国国民に伝わっているか？

――北朝鮮の強制収容所でひどい目に遭っている人たちが多いにもかかわらず、写真や映像など具体的な証拠があまりありませんね。

武藤　北朝鮮は、写真を撮らせないからですよ。情報漏れには厳しい。

李　北朝鮮は徹底的に国を閉鎖している。

武藤　衛星でも写真を撮れない？　衛星の感度が良くなっているわけでしょう。

李　アメリカは持っているかもしれませんが。ただし、虐待等々は室内でやるので、撮れないいんじゃないですか。

武藤　死人が出たという情報は、外にいっぱい出ているでしょう。

――北朝鮮人権第三の道編の『北朝鮮 全巨里教化所 人道犯罪の現場 全巨里教化元収監者八十一人の証言を含む八千九百三十四人による北朝鮮の国内人権状況の証言集』（連合出版）という本があります。人権無視の収容所に収監された人たちの中で脱北に成功した人たちが獄中での悲惨な体験を自ら描いたイラストなどが収録されています。凄まじいものがありますが、残念ながら写真ではなく、イラストでは迫力がいまひとつ一般には伝わらないようですね。

李　収容所から脱出した人が書いた手記も何冊も出ていますが、些細な誤記などを指摘しては、その内容の信憑性を否定する向きもあります。そういう人たちは、北朝鮮による現在進行型の人権弾圧は無視して、半世紀以上昔の、解決済みの日本の慰安婦や徴用工問題を取り上げて騒いだりしている。

こういう話もあります。昨年（二〇一八年）八月中旬に、中国の国防大学を含めた十人ぐらいの代表団が、金日成総合大学を訪ねて座談会を行った席で、その大学教授が、公の場で、「今、非常に困っている」と言って、「かつて二百万人の人民が餓死した時代が再来するかもしれない」という話をしたというのです。

黄長燁氏も、餓死者は二百万以上だったと言っています。黄長燁氏と一緒に韓国に亡命した、元北朝鮮高官の金徳弘《キムドクホン》氏も、自分が脱出するときに、すでに三百万人近い餓死者が出ているという報告書を見たと言っています。ですから、百万人単位で餓死者が出たことはまぎれもない事実です。ただし、そういう映像などは一切ありません。アフリカの難民や子供がお腹を膨らましている飢餓状況の写真は見たことがあるでしょうが……。

また、北朝鮮の出入りは非常に厳しい。たとえば中国から入る荷物が新聞紙で包まれているとすると、その新聞紙まですべてはがして没収する。あるいは、洋服の表示（タグ）も持ち込めないように、表示まで切ってしまう。

そういった言論統制が行われているので、たとえ映像が現地で撮影されていたとしても、外部に持ち出せない。今は電子媒体が発達しているので情報を持ち込みやすくはなっていますが、それでも内部の情報はなかなか漏れない。このあいだ、核実験場を取材に行った諸外国の記者たちも、スマホなどはすべて没収されてから現地に行った。出るときもすべて検査しているので、録音機などを隠し持っていったらすべて没収されてしまいます。

武藤　北朝鮮国内の映像は無理でも、瀬取り（洋上において船から船へ船荷を積み替えること）など密輸の場面とか、韓国国内で、物資の調達などを調べればわかるでしょう。

李　石炭密輸も一つ大きな証拠ではあるのですが……。

武藤　そういう密輸のやりとりの実際の映像などはまだ出てきますが、人権弾圧の実態を盗撮したような映像はなかなか出てこないから、いまだに北朝鮮のひどさというのをわかっていないのですよ。

韓国人は感情で考える

李　文在寅大統領は非常に単純なのではないかと思えるところがあります。彼が昨年（二〇一八年）九月十八日に平壌に行ったときのことですが、その翌十九日の夜に綾羅島《ヌンラド》体育館で、動員された北朝鮮の人民に向けて、こんな演説しました。

「今回の訪問で私は平壌の驚くべき発展の姿を見た。厳しい時期にも民族の自尊心を守りながら、ついに自ら立ち上がろうとした不屈の勇気を見た」「わが民族はともに生きなければならない」「金委員長と私は北と南の八千万民族の手を固く携えて新しい祖国を作るだろう」と。そして、「わが民族は優秀です。わが民族は強いです。わが民族は平和を愛します。わが民族は共に生きるべきです」と力説したのです。

武藤 たしかに「朝鮮民族」は優秀ですよ。

李 しかし、一国の代表としては、こういった言葉は軽率です。たとえほんとうに優秀でも、そうした言葉を臆面もなく語るのはだめです。もし日本の安倍首相が、海外のどこかで「日本民族は優秀です」と言ったら、韓国はすごく批判するのではないですか。

武藤 でも、韓国人は優秀だと思いますよ。ただし、文在寅大統領はあまり優秀だと思わないけど(笑)。

李 音楽、スポーツなど、小さい国にしては、たしかに優秀な人材を出しています。それは評価していい。

武藤 企業人も優秀ですよ。三菱商事のソウル支店の韓国人を、日本に研修で送ったら、同期の中で一番優秀だったときいたことがあります。三菱商事は日本で最も人気のある就職先でしょう。韓国の三菱商事は韓国でそれほど人気が高い会社ではないのですが、それでもそれだけ優秀だったという話です。韓国には優秀な人がたくさんいる。

李 優秀をどういうふうに評価するかもありますがね。

韓国人が日本でなかなか適応できないのは、韓国人は情が深いということがあるからです。出会ってすぐに「兄」「姉」などと呼んだりする。感情を公の場に持ち込むので、感情的に摩擦が起こると、ビジネスも政治もグチャグチャになってしまう。

日本の場合は、孔子の言葉に、「君子の交わりは水の如く」とあるように、淡々としているけれど長持ちする。

しかし韓国では、スポーツ界でも先輩・後輩の関係を意識するあまり、先輩のためにわざと負けてあげたりすることがある。それが今、韓国では大きな問題になっています。

韓国の一人ひとりの人間は、個人的に接すると、非常に情け深くて、楽しくていい人たちなのですが、それが社会全体となると、ゴチャゴチャになってしまうのです。

韓国社会を動かす「ウリ」の意識

武藤　韓国の人たちの特徴は二つあると思います。

一つは「ウリ」と「ナム」という区別があることです。「ウリ」すなわち「われわれ」と、「ナム」すなわち「おまえたち」「他者」という区別があって、「われわれ」との関係は非常に大事にするのですが、「他者」に対しては冷たくなる。

しかも、ウリとナムの関係が幾重にもなっていて、一番近いのは家族、そして親族、さらに同窓生、次は……と、だんだん遠くなっていく。広くとらえれば韓国人同士、あるいは朝鮮民族がウリともなるのですが、それに対してナムに対しては、冷淡で、相手が死のうが生きようがどうでもいいとなる。狭くとらえれば身内さえよければいいし、広くとらえれば、朝鮮民族以外はどうでもいいということになる。

もう一つは、前にも述べましたが、頭でなくてハートで考えるということです。

日韓の経済関係を見ても、韓国の人は常に「貿易で日本が儲けて、韓国が損している。だから、韓国はいつも大赤字だ」と主張します。

しかし、よくよく考えれば、日本から部品・素材を輸入して、それを加工して海外に輸出しているのだから、韓国が輸出するために、日本からも輸入をしなければいけない。だから日本からの輸入が増えたということは韓国の輸出も増えて、それだけ韓国経済が好調だということにもなる。

こちらがそうではないかと説明すると、頭では理解して、最初は、わかったような顔をするのですが、五分もすると、また「日本だけが儲けている」と言いはじめる。

李さんがおっしゃるように、情の深さがすごくある。われわれが韓国の人と付き合って、その情の深さを居心地がいいと感じるときもあるのですが、「これはちょっと付き合い切れないな」と感じることも、多々ありますね。

李　韓国で、「ウリ」という言葉はよく使われる言葉で、われわれの母というときには「ウリオンマ」と言います。あるいは、ウリという規定が、自分と同じことを考える人たちにもなる。

なぜ韓国の歴代大統領の親族が、退任後に必ずと言っていいほど捕まるのかと言えば、ウリの文化があるからです。金大中の三人の息子がみな捕まりましたが、金大中と息子たちを「ウリ」ととらえるからです。

金大中に直接賄賂を送れないから、それならと奥さんに送ろうとした。しかし、それもできなかった。それなら息子に送るということになる。結局、金の三男・弘傑《ホンゴル》氏が三十六億円の賄賂を受け取った疑いで、次男・弘業《ホンオプ》氏が脱税などの疑いで逮捕されました。国会議員だった長男・弘一《ホンイル》氏も人事をめぐって賄賂を受け取ったとして在宅起訴される結果となった。

韓国では、大統領の家族なども、大統領と同じ権限があるかのように見ています。ウリの意識があって、この人たちは一つだという意識が非常に強くて、それが社会の公益に優先してしまう。

また親族の側も、親や叔父が大統領になったりしたら、「ウリ」だと思っていますから、自分が権力を握ったかのように錯覚してしまう。だから、さきほども話したように、朴大統領は一族でも親族を近づけなかったのです。

日本であれば、総理大臣の息子であっても、賄賂をもらって、親の権力を利用しようなどとは、まず考えませんよね。

武藤 それは考えられませんよ。

李 しかし、韓国では普通なんです。そこには「ウリ」という意識が非常に深く人間関係に関与しているからです。

文在寅政権で韓国人はみんな不幸になる

武藤 『韓国人に生まれてなくてよかった』(二〇一七年六月刊　悟空出版)という本を書いたのは、韓国が嫌いだから、あのタイトルを付けたのではなく、「韓国は、いかに努力しても報われない社会で、大変だなと。自分はそんなに能力はないから、韓国に生まれたら、とても苦労しただろうな。生まれなくてよかった……」と思って書いたんです。
文在寅が大統領に当選した日に、この本の原稿を仕上げたのですが、そのとき文政権になったら、大変なことになるだろうと思ったものです。

李　あの本で書いていらっしゃったことは、ほとんど全部当たっています。

武藤　その本の趣旨は、韓国の人たちは、文在寅大統領によって不幸になる。それを予言した本だと考えていただければいいと思うし、現実にそうなっています。

李　私が書いた『北朝鮮がつくった韓国大統領』（二〇一八年十月刊　産経新聞出版）は、もともと私が付けたタイトルは『文在寅政権実録』でした。
今、韓国のメディアが事実を伝えようとしないし、誰もその暴走を止めようともしない。だから、私のように大学に勤めている人間が、時間的に余裕もあるし、その記録を残すべきだと思ったのです。それで文在寅大統領が何をやっているかを淡々と記録したのです。
すると、編集者が原稿を読んで、「文在寅大統領は、北朝鮮がつくったような大統領なんですね」という印象を受けたので、そういうタイトルがついたのです。最近、「タイトルのとおりですね」と言う読者の方がたくさんいます。

私は韓国に住んだこともなく、旅行で行くことは多いのですが、その間ソウル大を訪問して、一番長く滞在したのが三カ月程度です。それでも私が韓国に行くと、韓国人は、「ウリ」として、韓国人と見なしてくれる。何の飾りもなく本音で接してくれるのでありがたいし、韓国がよくわかる。しかし、わかればわかるほど、「韓国、大丈夫かな？」と心配になってくる。

武藤 心配になってきますよね。私もそういう心配の思いを書いたのです。日本もこれから「文在寅政権とは、どういう政権なのか」を、きちんと見つめていかなければならないと思います。

李 ほんとうにそうです。

武藤 レーダー照射事件や政治家の発言など、一つ二つのことに、あまり神経を尖らせないで、文在寅政権とどう向き合っていくかを、大局的な視点から考えなければいけない。その秘策を次章で語ることにしましょう。

第6章

文在寅政権を倒す秘策とは？

国民の感情に訴えないと変わらない

李　韓国内では、最近、新聞の発行部数が急激に減っている。テレビはさらにひどい状況です。さらに政権寄りの半官半民の公営放送の韓国MBC（韓国文化放送）の黄金タイムのニュースの視聴率が一％台に落ち込んだこともあるくらいです。文大統領の賛美ばかりしているからでしょうね。その反動があって、今、人はネットメディアのほうに群がっている。

武藤　最近、中央日報と朝鮮日報が、かなり激しく文在寅《ムンジエイン》批判をするようになってきましたね。これは、文大統領のジャーナリズムに対する締め付けへの一つの反発ではあるのでしょう。

朴槿恵大統領が民総労や全教組を締め付けた結果、彼らが朴政権反対運動に立ち上がったと同様に、左翼検閲に反発した右派ジャーナリズムが反文在寅運動に立ち上がってくるのではないかと期待しています。さらに、二十代の若者が立ち上がってくると……。

李　雰囲気はがらりと変わりますね。

武藤　今後は、反文在寅運動が韓国内で起きてくるのではないか。そういうことでも起こらないと、今の閉塞的な状況は変わらない。

李　変わらないです。議席数の少ない野党の政治家が、合法的に文在寅大統領の政権能力を問題にして打倒するというのは無理です。朴槿惠政権を倒したように、国民の感情に激しく訴えないといけない段階です。

武藤　たしかに感情に訴えないと無理でしょうね。

もう一つは国際世論で、「文大統領がやっていることは、こんなにひどい」と訴えていくことです。そういうことをやれば、徐々にその批判が韓国内に浸透していくでしょう。

国際世論に訴えて、韓国を制裁対象にする

武藤　結局、今の文政権の悪政を変えるためには、何をすべきか、日本も真剣に検討すべき時です。どうやったら変えられるか。

日韓関係でも、将来的な日韓関係を見据えて、あまりムチャなことはできない。日本

が感情的になると、むしろ韓国民の感情をさらに刺激して、彼らが文大統領の肩を持つことになる。

だから、将来的な日韓関係を見据えて、日本はある程度自重しながら、文大統領に対して、そうとう厳しく対処していかなければならないと思うのですが、どんな方法があるのか。日本政府を挙げて、精査して、一番いい方法を考える以外にはない。

李　思い切ったことをする必要があると思います。日本はこれまで韓国に対して、いろいろ協力してきました。今後、日本はいっさい韓国には協力しないと言ったらどうですか。

武藤　李さん、韓国の〝同胞〟に対して、そんなことを言っていいの？

李　いや、今の文在寅政権は潰さなければならないですから、緊急避難的対応ですよ。文在寅政権を潰すことが韓国の国益にもなる。

武藤　韓国民にすると、自分たちが選んだにしろ、気の毒ですけどね。

李　選んだ国民が責任を取って、教訓を得なければなりません。

武藤　今の韓国は、きわめて唯我独尊で自分たちが常に正しいということを錦の御旗にしている。そこをどう崩していくかが非常に重要なポイントです。

繰り返しますが、半導体用のフッ化水素を日本が輸出しないという手段は、効果があることは明らかです。しかし、それをやったら、将来の日韓関係に悪影響を及ぼすし、韓国の人たちを反日にする。それは決して望ましいことではない。文在寅政権だけを対象にして、どういう措置が取れるか。

李　日本単独でやるよりは、アメリカと一緒にやるほうがいい。

武藤　たしかに一番いいのは、アメリカと一緒になって、韓国叩きをすることです。しかしトランプ大統領がそれにうまく乗ってくれるかどうか。

今、国際包囲網で北朝鮮の核をやめさせようとしているわけですが、その中で、当事者の韓国だけが逃げ腰です。アメリカの本音はＩＣＢＭだけをやめればいい。日本としても、北朝鮮に対して「日本まで届く弾道ミサイルだけはやめろ、あとはもう勝手にやれ」と言えば、北朝鮮の核は韓国にしか使い道がないということになる。そうなると韓国も少しは「もしかしたら……」と腰が浮いてくる。

ともあれ、一番いいのは、文在寅政権が今行っていること（日本への国際法無視の諸要求や北への経済制裁緩和）を、国際社会が否定するようにリードしていくことです。こういう情報戦略をもってして、日本優勢のイメージを韓国国内に与えることが一番効く。

対北朝鮮に関しては、やはり韓国が北朝鮮とつるんでやっていることを捕まえて、場合によっては、韓国も北朝鮮と同時に制裁対象にする。これが一番効果がある。

米朝首脳会談が物別れになっても、韓国は相変わらず開城だ金剛山だといって、北朝鮮との融和姿勢を変えません。北朝鮮に非核化を迫るためには制裁は欠かせない。しかし、韓国だけが会談前と一向に変わらない制裁緩和の姿勢です。北朝鮮でさえ事態の善後策を模索しているのに。要するに、韓国は、いつも言いますが、現状の分析ができない。状況に応じて柔軟に政策変更ができない。あくまでもイデオロギーによる政策を遂行しているということです。

こうした韓国に、トランプ政権も失望している雰囲気がありありです。文大統領と康外交部長官のワシントン訪問だってなかなか決まらなかったのは、韓国が必要に開城工業団地と金剛山観光の再開を模索し、北朝鮮への制裁緩和を意図している姿勢が見え見えだったからです。だから、日本はトランプ政権と手を握り、文政権の制裁破りを追及する道はあるでしょう。

李　たしかに冷静に考えた場合に、韓国国民を敵に回すのは得策ではないです。限定的に、文政権そのものをピンポイントで攻撃したほうがいい。

さきほどお話ししたように、韓国は、開城工業団地に南北連絡事務所を開いたときに、修繕費として約百億ウォンを持っていったり、鉄道の着工工事をしたり、その物品を運んだりしていますが、そういうことに関しては、アメリカと国連に例外措置として認めるように求めてはいる。

そこら辺を日本が声を挙げて、「例外措置は認めるべきではない」と国際的に訴えて、韓国に対してセカンダリー・ボイコットがはじまれば、韓国の政権に対する世論は悪化するはずです。

武藤　そこをどう国際社会にうまく訴えていくかが、一番大きな課題だと思う。

李　はい、そこは知恵比べですね。

武藤　文在寅政権が行っているとんでもないことはいくらでもあるから、そこをどう突っついていくか。それをやるためには、アメリカをどう取り込むかということもよく考えなければいけない。

日本は喧嘩を恐れず、はっきり言うべき

武藤　文在寅大統領が、日本に対してひどいことをしたら、北朝鮮と文大統領のよから

ぬ関係を突っついていく。それが一番効果がある。そのためには、北朝鮮に対して、彼がいろいろなものを貢いでいる現場を押さえることが必要です。

しかし、日本はそういう諜報機能がないから、アメリカと一緒になって、やらなければ証拠を押さえられない。

李 日本はアメリカが何かをやってくれるのを待っているけれども、日本は自分たちが思っている以上に、世界で結構影響力がある。イギリス、フランスなどとも良好な関係にあるし、アメリカのトランプ大統領とも、良好な関係にある。中国・韓国は別にすれば、たいていの国は、日本の言い分に耳を傾けると思う。

武藤 今、日本には情報力がないと言ったけれども、偵察衛星も持っているし、通信も傍受している。そういう情報力を総動員して、韓国の悪行を早く暴いたほうがいいと思う。原理原則に基づいて、正しいことをやりながら、韓国を叩く。

李 それが必要だと思います。

南北癒着に関して具体的な証拠もなく経済的な制裁を声高に主張するだけでは、場合によっては、日本が不利になる可能性がある。だから、国連制裁の原理原則に基づいて、「韓国のこういうことが制裁違反の疑いがある」とアピールするのが効果的だと思います。

武藤　文大統領にとって一番痛手なのは、韓国と北朝鮮の水面下の関係を叩かれることなんです。

李　そうです。彼の支持を集める唯一の命綱は北朝鮮。金正恩との「友好」イメージの増幅しかない。

それがただ北朝鮮に貢いでいるだけで、北朝鮮の非核化には全く結びついているわけではないと明らかになれば、国内での支持率も一気に落ちると思います。

武藤　あくまでも、日本としては正論で行かなければいけない。だから、韓国に対する経済制裁は限界があるし、ある意味で邪道だともいえます。

だとすると、北朝鮮の非核化を進めようと国際社会が努力する中にあって、文在寅大統領だけが突出して、北朝鮮といろいろつるんで不正なことをやっている。これを暴いていかなければいけない。そうすれば、誰も反論できないと思う。

李　そうです。ですから、昨今の文在寅政権が北朝鮮に対して行っている「不都合な事実」を綿密に検討して国連制裁に基づいて対処する。

また、さきほどお話ししたように、文在寅大統領が二〇一八年九月十八日から二十日まで平壌を訪問したときに、飛行機が四機飛んで行って何を積んでいったかということもあります。さらにサムスンの李在鎔《イジェヨン》氏などたくさんの財界人を連れて行った。

武藤　経済制裁対象の国に財界人を連れて行くのは筋が通りませんね。

李　北朝鮮はまちがいなく、李在鎔氏を必ず連れてくるようにと依頼したはずです。彼が平壌に降り立った瞬間から、三池淵《サムジヨン》楽団の団長の玄松月《ヒョンソンウォル》氏という女性が最後までくっ付いて面倒を見ていた。北朝鮮は、それほど力を入れてサムスンを口説いているのです。

平壌から戻ったあと、アメリカの財務省が聞き取り調査をしたと聞いています。もし、サムスンなどが北朝鮮に何らかの投資の約束や行動を起こしたら、セカンダリー・ボイコットに遭う可能性が高い。

武藤　文在寅大統領が行っている事実を暴いて、日本は、アメリカと一緒になって、韓国に対して、セカンダリー・ボイコットをやればいいのです。それが徴用工裁判の差し押さえ、資産売却に対する「反撃」にもなる。一石二鳥です。

李　先日、あるテレビ番組に出たときに、ある人が「今年は間違いなく日韓関係は悪くなるだろう」と言ったのに対して、「いや、そうじゃなくて、百年間、悪くなるのではないか」とおっしゃった方がいましたが、その可能性はあります。

だからこそ、今、韓国とはどういう国で、どう付き合えばいいかを、きちんと決断すべきです。日本は、「朝鮮半島を過去に植民地にした、悪いことをしたから、文政権をあまり追い詰めることなく、この程度でナアナアで済ませよう」などとは、いっさい考える必要がない時期に来ていると思います。レーダー照射問題と過去の歴史問題とはまったく関係ありません。今韓国側から生起されている、ゆゆしき行為の数々は、過去とまったく関係ない蛮行でしかない。そのことを、日本ははっきりと主張しないといけない。

武藤　そのとおりです。

李　日本は喧嘩、論争を恐れず、はっきりと言うべきことを言わないといけない。

韓国の制裁やぶりの事実

――まずは、韓国の制裁違反を国際社会に突きつけることですね？

李　制裁違反と言えば、韓国が北朝鮮産石炭をロシア経由で密搬入している事件が、一時期大きく問題になっていました。韓国が調査すると言って、税関が調査結果を発表したのですが、この調査がまったく納得のいかない結果なんです。

韓国企業が、韓国の南東《ナムドン》発電所というところで使ったのですから、これは明らかに国連制裁違反です。

武藤　それで韓国企業は制裁を受けたのですか？

李　今のところはアメリカがそれに対して制裁をしていない。そこにおカネのやり取りがあるはずなんです。

一応、韓国政府の調査で明らかになったのは、慶尚南道に、慶南銀行というのがあって、そこが百万ドル単位のお金を動かしていた。

武藤　慶南銀行と文在寅大統領の関係は？

李　あります。文大統領と同じ高校の後輩がそこに天下っている。

武藤　慶南は、文大統領の地元ですね。

李　アメリカ財務省は、韓国の七つの銀行と電話会談を行って、いちいち北朝鮮事業を報告しろと言っています。韓国の銀行は制裁緩和を見込んで、銀行によっては、北朝鮮のセクションを新たにつくったりして大きなプロジェクトを立ち上げていたのです。しかし、アメリカ財務省の動きによって、今はすべて水面下に潜っているというか、中断しています。

武藤　止められたわけですね。

李　アメリカ側が電話で「何をしているのか、ちょっとヒアリングしたい」と囁いただけで、韓国の銀行は震え上がった。アメリカが銀行に対して制裁をしたら潰れてしまいますから。

　この石炭問題は、かなり詳しく確実な証拠と資料があるにもかかわらず、韓国の主要メディアが伝えていない。ただ、その後も石炭の密輸があったという事実が発覚されたので、これから国連やアメリカがどう対処するのかが注目されます。もしもアメリカがこれを理由にセカンダリー・ボイコットをすれば、文政権にかなり大きな打撃となるでしょう。

――韓国の主要メディア以外のメディアで一応報道されたのですか？

李　保守勢力がやっているネット新聞で報道されただけですね。このことだけを専門的に何カ月も追っていた記者のレポートなどもあります。このネット新聞は、元国情院関係者がつくった会社ではないかという話があります。

もはや文在寅を止めるしかない

李　私は、新聞に「三つの祖国を心に抱いて」というエッセイを書いたことがあります。中国に生まれたけれど、両親が韓国出身で家庭は韓国文化、それで日本に来て日本国籍を貰って二十数年経っている。ですから、私にとっては、三国とも、とても大事な国なんです。

もどかしさを感じるのは、韓国と日本が本気で理解し合えば、ほんとうにすばらしい北東アジアを築けるのに、それができていないことです。

武藤　韓国さえ目覚めてくれれば、それができるだろうと思うし、日本と韓国は理解し合えると思うんですよ。その一番いい例が、韓国で日本の小説がベストセラーになっている。村上春樹、東野圭吾、宮部みゆき、江國香織などの作品はいつもベストセラー上位だそうです。時には、日本より売れ行きのいいものもあるという。これはものの考え方、習性など、日韓の間でかなり共通する部分があるからです。

李　感性が近いのですね。

武藤　そう、感性が近いということなんです。

それを考えたら、日韓は、もっともっと協力できる。また、在日の人たちが、これからどういう生き方をしていくかを考えた場合、私は、基本的には、だんだん日本人になっていくと思う。いや、もう既になっていると言えますよね。

だから、これを日本がどう温かく迎え入れるかという観点で考えたらいい。日本にとって、拒否すべき国・韓国ではなく、日本にとってチャンスのある国として韓国をとらえていかなければならないと思う。

しかし、そのためには、今の文在寅政権のやっているムチャクチャなことを何とか止めなければいけない。

李　文大統領が韓国を悪い方向へ導いているから、私は批判しているわけです。

武藤　そうなんです。私も文大統領批判はいくらでもするけれど、韓国人そのものの批判をしているつもりはない。

李　韓国に関係も関心もなかったら、「もう勝手にやれば」ということになってしまいますからね。

黄教安が次期大統領になれば……

武藤　すでにお話に出たように、元首相で大統領権限代行を務めた黄教安《ファンギョアン》氏が、今年（二〇一九年）一月十五日に保守系最大野党の自由韓国党に入党し、その後二月二十七日に代表に選ばれましたね。彼は将来の大統領候補になりうる人物です。保守系大統領候補として、ひとつの核ができたと言えますね。

彼は、入党のときの記者会見で「文在寅政権と戦う強力な野党になることが第一の課題だ」と強調して、文在寅政権に事実上の「宣戦布告」を行った。

李　それは文在寅大統領及び、その後継者にとっては、脅威になりうるかもしれない。

武藤　黄教安氏はもともとから評判が良かったし、彼が前の選挙のときに、大統領候補になれば、かなり票を取ったと思う。しかし、結局出なかった。彼もこのままであれば、韓国はひどい状況になると思って、次回大統領選挙には立つことを内心決意したわけでしょう。

李　記者会見を見ても、文在寅大統領とは全然違って言葉が正確で、理性的ですね。

武藤　尻尾を摑まれないような発言をする、しっかりした人ですね。

それに比べて、文在寅大統領は記者会見を見ても、かなり大雑把で、いい加減なことばかり言っている。事実をまったく理解していないようなことをいろいろ喋っている。

武藤　黄教安氏は釜山高等検察庁の検事長を務め、朴槿恵政権で法務部長官も務めている、司法界の大物ですよね。ただ、文政権は、前大法院長（最高裁長官）の梁承泰《ヤンスンテ》を、元徴用工らの民事訴訟の進行を遅らせたとして逮捕・起訴しましたが、そうした口実で、彼を追及することも考えられます。

李　黄氏に決定的な欠陥があるとすれば、軍の服役を免除されていたことです。兵役をまっとうしていないことは韓国ではかなり悪いイメージで、票を減らす一つの要因になる。

とはいえ、今、彼は次期大統領選への出馬が予想される有力者の支持率調査では、与党の「共に民主党」所属の李洛淵《イナギョン》首相を抑え、首位に躍り出ました。

武藤　黄教安氏は実務的にすぐれた人だし、徴兵を逃れたこと以外は、人格的にも非常に尊敬されている人ですよね。

李　黄教安氏に保守系が期待しているのは公安通だということです。国内、治安に関する案件を長く担当しています。法務大臣、総理大臣、大統領代行をやったという経験も積んでいます。朴槿恵時代に、北朝鮮寄りの統合進歩党を解党したとき、彼がすべて指揮して党を解党に追い込んだ実績もある。ただし、それが裏目に出るのか、彼の功績になるのか？

武藤　これから黄教安叩きがいろいろと起こる？

李　起こると思います。

彼が大統領になれば、韓国も少しは良くなるのではないかという期待は持てるのですが。

武藤　そういう意味では、これから黄教安叩きによって潰される可能性もある。そうならないように、日韓関係のためには、何とか彼に頑張ってもらいたいものです。

第三回目の米朝会談は開催できない？

――お話をうかがって、日本が韓国の文在寅・左翼政権を正当な手法でびしびしと追及することが、結果として、来年の総選挙、三年後の大統領選挙に向けて、韓国保守派の再起を促すことにもつながることがよく分かりました。そうなることを祈りつつも、一方、今後も続く米朝交渉に関して、日本はどう対応していくべきでしょうか。拉致問題とも関連してきますが……。

武藤　トランプ大統領がなかなか乗ってこないかもしれないけれど、第一章で取り上げた降仙《カンソン》の問題を、日本は安保理で取り上げるべきです。

李　それは大きく取り上げるべきです。それも日本が率先してやるべきです。拉致交渉が不利になるとか恐れる必要はない。

武藤　こういうことを見過ごし続けていたら、北朝鮮は核を大量保有することになる。これは日本として認められないと安保理で叩いたら、北朝鮮の金正恩も、韓国の文在寅大統領も困惑するでしょう。

李　相手の嫌がることをやるのが外交なのです。彼らだって、さんざん、日本の嫌がること（慰安婦像の海外建立等々）をやっている。言論による批判を遠慮することはない。

北朝鮮が非核化したくないのはハノイ会談ではっきり確認されました。それにもかかわらず、それを不問にして制裁を緩めたり、金正恩と取り引きしたりすること自体が問題です。

武藤　トランプ大統領は、まだ北朝鮮と交渉するなどと言っているから、日本が降仙の問題を取り上げて、アメリカに対して、それをもっと取り上げるべきだと圧力をかけていったらいい。

李　アメリカと相談すれば、道はあるかもしれません。

武藤　国際社会の場で、もっと大きく取り上げないと、降仙の問題について、北朝鮮は譲ってきませんよ。

李　北朝鮮は、やはり力しか通用しない国です。

武藤　金正恩自身はすべて力で押さえつけているんですから。アメリカの軍事力の威嚇を受けて、やっと核実験を停止し話し合いに応じるようになった。ここで甘く出たら元の木阿弥になってしまう。

李　北朝鮮に対しては力以外の手段はない。核問題についてもそうだし、拉致問題もそうです。力を示すのは、軍事力以外にもいろいろな方法がありますよね。今、トランプ大統領の姿勢を評価できるとすれば、北朝鮮に対して軍事力を含めた「経済制裁」という力をずっと見せつつ、「対話」をしていることです。以前のアメリカ政権はそういうことをしなかった。

武藤　今回の会談で、アメリカがこれだけ知っているんだぞという事実を突き付けたことは非常に大きかったと思う。そういう意味では、非核化への第一歩の可能性が微かに残ったとも言えますが、北朝鮮は非核化する意志がないことがわかったので、「これからどうするのか」となったら、最終的には対話では解決できなくなるかもしれませんね。

李　少なくとも、対話だけでは通用しません。

武藤　だから、力を再び見せつけなければいけない。そのためにも、絶対、降仙の問題を安保理に持っていくことが必要です。

李　そうですね。

　脱北・亡命者の太永浩《テヨンホ》氏の話では、トランプ大統領も北朝鮮外相の李容浩《リヨンホ》氏も、この降仙の話がクローズアップされてしまったあとは、交渉が完全に決裂し破綻するのを避けるために、あえて「ビッグ・ディール」（北朝鮮が全面的な非核化を進め、その見返りに米国が制裁を完全に解除する包括合意）を全面に出して、その点での同意が得られなかったから、物別れになったと印象付けようとした……という見方をしていました。

　だからメディアの関心が降仙に集中すると、また核危機は高まると思います。しかし、このことはかえっていいことで、こういう膿を出しきらないと、北朝鮮はいつまで経っても非核化しない。

武藤 膿を出さないと次のステップに行かない。

李 そのためには、降仙について国際世論を喚起すべきです。本質は、北朝鮮が降仙を隠そうと嘘をついてきたことにあるのだから。

――すると、米朝の三回目の会談というのは?

武藤 トランプ政権としても、三回目の会談で失敗するわけにいかないから、どこまで北朝鮮が譲るかを確認したうえでないと、次の会談はできない。すると、降仙の問題は最初から取り上げざるを得ない。

李 そうなんです。その点は私も同じ意見で、ですから三回目の会談の実現は、なかなか難しい。

制裁をさらに強める

武藤 降仙を認めさせても、そこから核廃棄に持っていくには、さらに制裁を強めなくてはならない。すると北朝鮮は挑発してくるかもしれない。トランプ大統領はそれを嫌がっている。せっかく北の核実験などの挑発がなくなり、「それは俺の功績だ」と吹聴しているのに、万が一そんなことになると、元の木阿弥になってしまう。そこをどうトランプ大統領に説得するか。

李　むしろ、北朝鮮が挑発したほうが、トランプ大統領には、政治的にはプラスになるんじゃないですか。

武藤　いや、彼は挑発がなくなったのは、自分の功績だと誇っているから……。

李　しかし、今回の首脳会談でも、トランプ大統領は、「金正恩は、今後も核実験もミサイル発射もしないことを約束した」と言っている。金正恩がそれを破ったら、「北朝鮮、けしからん」と行動しやすくなるのではないですか。

武藤　日本の上空を飛び越えてグアムなどに届く距離のミサイルは飛ばさないけど、日本海に落ちるミサイルはボンボン飛ばすこともあるでしょう。

李　しかし、それをやったら、北朝鮮は今度こそ終わりではないですか。

武藤　アメリカを刺激しないように、安保理に取り上げるよう騒いだ「日本はけしからん」と、対象を限定して日米離間をしようとしてやるかもしれない。拉致被害者も返さないというかもしれない。

李　狡賢い北朝鮮ですから、そういう分断戦略はやるかもしれませんね。
ともあれ、今の制裁以上に何ができるか。いまだに中国は北朝鮮に石油を流していますね。それと海上での……。

武藤　瀬取りね。

李　ええ、瀬取りとか、普通の貿易もいまだに続いている。最近、北朝鮮に合弁会社を持っている中国人ビジネスマンと会食をしましたが、彼の話によれば、中朝間の民間貿易は全くと言っていいほど影響をうけていない。つまり海上封鎖も、まだ完全にはやっていない。

ですから、これから中国に北朝鮮へのエネルギー供給をやめさせる。さらに、中朝国境には二十四カ所も行き来可能な大小検問所があるのですが、そこの監視を強化して、海上封鎖まで踏み切ったら……。

武藤　北朝鮮は、完全にアウトです。しかし中国はそこまではやらないでしょう。

李　しかし、いま米中貿易戦争も長期化していますが、この交渉の過程で、北朝鮮問題も俎上にのぼり、大きな取り引きの中で、北朝鮮問題に関して中国も一部、譲歩なり同意する可能性もあるかもしれません。

武藤　一部、同意する可能性もあるけれど、中国とすれば、北朝鮮が崩壊することだけはどうしても避けたい。

李　それは絶対に避けたい。そこが悩ましい問題です。だから北朝鮮が遠慮せずにいろいろと中国を逆なでするようなことをやるのも、中国の足元を見ているからです。

武藤　しかし、中国も第二回米朝会談での北朝鮮の身勝手な要求には、頭に来ているのではないかと思う。

李　今年、中国経済も減速しているのがはっきりしている。経済問題は、習近平の指導体制にもかなり悪影響を及ぼしている。

米中貿易摩擦が長引くと、中国経済への打撃も大きくなる。そこに北朝鮮問題が絡んでくると、中国は自国の利益まで犠牲にして、北朝鮮を保護するのは難しく感じるようになるでしょう。

武藤　ところで、最近の報道では金正恩委員長の執事がモスクワを訪問している。金正恩訪ロの準備ではないかとの観測がある。さんざん世話になった中国をさておいてロシアを訪問すれば中国も面白くはないでしょう。そういうことを金正恩は理解せず、中ロをうまく天秤にかけていると考えるとそれは大きな誤りですね。

李　だから、金正恩の置かれた状況は今非常に厳しい。世界中で彼に同情的なのは、文在寅大統領だけですからね。

武藤　習近平氏は割とクールに見ています。

李　すごく冷静です。

文在寅はどう動くか

――次に文在寅氏は、どう動くのですか？

李　米朝をつなぎとめるためアメリカに飛び、その後金正恩に会う予定といいますが、トランプ大統領も金正恩も文氏の話は聞きたくないでしょう。

武藤　金正恩に会うのは非核化を迫るためではなく、話し合いを続けてほしいと懇願するためでしょう。

李　会って、あたかも非核化のプロセスは続いているように国内外にアピールする。

武藤　金正恩と会って、非核化の意志はあることを再確認して、それをトランプ大統領に伝える……。しかし、今度は、たんにそれだけではだめですよ。

李　トランプ大統領がそんな文在寅大統領の動きに惑わされたりすると、また無駄な時間になる。

――文在寅氏の嘘に、トランプ氏がふらふらと動かされることはないんですか？

李　トランプ大統領はさすがに、もう乗らないでしょう。よほど具体的な言質《げんち》がない限り。

武藤　トランプ大統領も、今回失敗したから、二度と同じ失敗はできないことはわかっている。また、北朝鮮が、非核化する意志がないこともわかったでしょう。

李　トランプ大統領がふらつくのを防ぐためには、日本が降仙の問題をクローズアップさせて、北朝鮮が非核化する意志がないことを明確にアピールすることが大事です。文大統領の小賢しい芝居の嘘を暴露しなくてはいけない。

武藤　トランプ大統領がふらつかないようにするため、日本はそれをやるべきだと思う。北朝鮮を非核化のほうに持っていかなければいけないと同時に、文在寅体制を叩くのならば、それしかない。

李　文在寅大統領が北朝鮮に対してやっていることは幻想に過ぎないとはっきりさせないといけない。

武藤　ほんとうに叩いておかないといけない。文在寅大統領の言うとおりになったら、世界はひどいことになる。

――文在寅氏は、ほんとうに北朝鮮が非核化すると思っているんですか？

武藤　内心、どうでもいいのではないですか？　北朝鮮と仲良くできたら、それでいいと思っているだけかもしれません。

李　そうだとしたら、これは逆賊ですよ。

武藤　でも確信犯です。ほんとうに知らずにやっているとすれば、バカなんです。逆賊か、バカか、どちらかですよ。

日本はアメリカと協力してやっていくしかない

武藤　日本が文在寅政権と何とか妥協しようというのは幻想です。ただ、これ以上、韓国国民との関係が悪くならないように交流は続けていく。すでにお話ししたような韓国に対する対抗措置も将来のことを考えながらやっていく。そういうことしかないのではないか。

文在寅政権は、いわば国益を考えない政権。地域戦略などなく、自分の行動計画に沿って、歴史を見直して積弊清算して、北朝鮮との融和を進めるだけです。日本に対しても、北朝鮮と融和しろというだけでしょう。

――日本は、拉致問題など、北朝鮮との交渉はどうすべきなのか？

武藤　独自にやるなり、アメリカ経由でやる。非常に残念なことですけど、拉致にせよ、核にせよ、文在寅政権とは、手を打ったりせず何もすべきではない。

李　文在寅政権は、もうほっとくしかない。

武藤　しかし、自民党の二階幹事長が言うように「真っ赤になって反論する必要はない。無視」や、小野寺前防衛大臣のように「韓国が「レーダー照射」問題で、痛々しい言い訳をしている。泥仕合をやっていても同じことなので、むしろ国際社会に韓国に冷静に抗議をし、あとは韓国がいろんなことを言っても『丁寧な無視』をしながら国際世論の中で『これは勝負あった』ということにする」べきだというのも、一理ありですが、徹底的に反論しておかないと、さらなる嘘八百を撒き散らかされることになり、やられっぱなしになってしまう。

やはり対抗措置は取らざるを得ない。韓国という国は、無視していると、自分たちに都合のいいことばかりをやって、結局、日本だけが損をすることになる。さっき言ったように、降仙の問題を安保理に持っていくといった、日本として、正しいことをやりながら、文在寅政権を叩いていくのがベストです。

李　対北朝鮮政策では、安倍政権はよくやっていると思う。アメリカ追随外交だと批判する向きもあるけれど、逆に冷静に考えて、アメリカ追随ではなかったら、日本外交が、うまくいくかと言ったら、そうではない。

武藤　アメリカ追従と言われるけれど、アメリカと協力してやっていくしかない。

もう一つは、日本はもっと自分の足で立つということ。

その二つじゃないですか。要するに、安保を強化して防衛力を強化していく。北朝鮮が勝手なことができないように、自分の身は自分で守れるようにしていく。

李　北朝鮮がもしも核武装国になったら、日本も北朝鮮が持っている程度の核は持つべきではないかと思います。それを国際管理下に置くといった方法があるのではないですか？

武藤　北朝鮮と同じ程度の核を持ったとしても、日本のほうが受けるダメージははるかに大きい。迎撃ミサイルシステムを充実させる以外ないんじゃないですか？　それと、通常兵器として先制攻撃能力を持つのも必要。

李　戦闘機に搭載する国産の空対艦ミサイル「ＡＳＭ３」の射程を延伸し、事実上の長距離巡航ミサイルとして運用する考えを防衛省は発表しましたよね。

武藤　少しは対抗することもできるかもしれない。

李　今、日本は防衛費をＧＤＰの一％しか使っていないですよね。普通は二％を使う。

武藤　一％でも五兆円（二〇一八年度防衛関係費は五兆千九百十一億円）だから、倍にすると十兆円になる。財務省は嫌がるだろうけれど。

李　普通の国並みにすればいいということですね。

――今の外務省は韓国に対して、どう対処しようとしているのですか？　何か方針はあるのですか？

武藤　確かめてはいませんけど、今の外務省は、もう文在寅大統領はしょうがないと考えているのではないですか。だから二階幹事長が「無視、無視」と言っているように、「無視」が日本政府の文在寅政権に対する見方です。

――差し押さえられている資産が現実に売却されても無視ですか？

武藤　いや、そうなると、「無視」とはいかないと思う。

――韓国大使を引き揚げても、あまり意味はない？

武藤　引き揚げても意味ないです。

李　今の韓国政府は、そういう外交的な繊細な動きに見合った反応のできる政府ではない。それがどういう意味かも理解できないでしょう。

武藤　日本政府は基本的にあまり問題を起こしたがらない。対決は好まない。それでも日本政府も韓国に対して厳しいことを言うようになったと思うけれど。

――これで、ほんとうに売却されたら、日本国民の韓国に対する反発はさらに大きくなりますよね。

李　韓国に友好的で、客観的に問題を考えようという日本人まで、韓国は敵に回すような状況になるでしょうね。

私としては、左もリベラルも保守もないんですよ。自分が「これが正しい事実かな」と思ったら、それを言うだけです。少なくとも、北東アジアの平和のために文在寅政権は一刻も早く崩壊することを願うばかりです。

おわりに——文在寅政権の独走を止めよう

この本を李相哲先生と一緒に書くことになったのは、李先生が「はじめに」で書かれているように音頭を取ってくれたからです。そもそもの発端は、昨年二月十五日に産経新聞大阪本社で「朝鮮問題を考える講演会」にご一緒させていただいたことです。

私は当時「韓国人に生まれなくてよかった」(悟空出版）という本を出版して半年強経ったところで、マスコミにも出てはいましたが、李先生のように頻繁に出ている訳でありませんでした。また、李先生のように朝鮮半島の問題についても博識ではありませんでした。それでも李先生は討論の相手として私に声を掛けていただいたと聞きます。私の長所と言えば、外務省生活四十年の中でいろいろ経験し、それに基づきその時々の状況を、希望的観測をもたず、現実的かつ客観的に分析することができたということでしょう。そうした私が、朝鮮半島問題の権威であられる李先生と討論していく中で、いろいろ勉強させていただき、非常に似通った結論・展望を持っていることを感じました。討論会が終わって、食事しながら、今後共著の本を出すことを話し合いましたが、私が怠けている間に、李先生が本書の流れ、構想を練って私に提案してくださいました。それに基づき対談したのが本書です。米朝会談が物別れとなった時点までの内容を取り入れていますが、その後の動きについても編集の過程で加筆訂正しています。

この本を読み直して感じるのは、李先生と話し合うことにより、一層平易に状況分析ができたこと、また、李先生の博識に基づいて私の分析を加えることによって、より説得力の増した議論ができたことであります。

この本を書いた後の流れを見ますと、文在寅《ムンジェイン》政権はより一層自己の正当化を主張するようになり、独善的傾向を強めています。それは、特に北朝鮮への融和姿勢に関して顕著です。米朝会談が物別れに終わった後、米国は、北朝鮮に非核化を促すためには経済制裁を強力に実施していかなければいけないという方向に舵《かじ》を切っており、沿岸警備艇のパーソルフ警備艦を佐世保に入港させるなど、瀬取りの取り締まりを強化しています。英国やフランスも瀬取り監視のため、護衛艦などを派遣しています。さらに、米空軍は

B-52戦略爆撃機を朝鮮半島上空に飛行させ、超高空偵察機のU-2Sドラゴンレディも確認されました。こうした北朝鮮への軍事的圧力の強化は、北朝鮮の東倉里《トンチャンリ》ミサイル発射場復旧の動きなど新たな挑発行動を警戒した動きでしょう。

このように、米朝のみならず欧州各国も新しい情勢をにらんだ動きを示している中で、韓国だけは依然として開城工団や金剛山観光の再開をはじめとする北朝鮮への制裁緩和を進める姿勢を鮮明にしています。韓国は瀬取りの監視にも消極的であり、米国は韓国船も瀬取りに加わっていると疑っています。新たに統一相に任命された金練鐵《キムヨンチョル》氏は、「統一相になったらすぐに開城工団を再開する」と述べた人物であり、米国が何を言おうと実行するだろうと懸念されています。それればかりか、統一部は、南北首脳会談の定例化を推進する計画を提言しています。

こうした文政権の独善的な動きに対して米国から強い懸念の声が聞かれます。米国の議会公聴会では韓国は「北朝鮮の非核化に役立たない同盟国」であるとの批判が殺到したようです。トランプ政権も不快感を示し、そのため米韓首脳会談の日程もなかなか決まらなかったと言われています。

他方、北朝鮮は、韓国の一方的なラブコール対して前向きな反応は示していません。

「韓国はプレーヤーであって、米朝の仲介者でない」（崔善姫外務次官）と述べたり、開城の南北連絡事務所から、その要員を一方的に一時引き上げたりするなど、今のところ乗るそぶりは見せていません。

韓国は、米朝いずれからも支持されない独り相撲を取っているのです。それは何故か。韓国の政権は現在の状況を客観的に分析せず、自分たちの一方的な思いで政策を立てているからです。これは、誰から見ても状況の改善に役立つ政策ではなく、むしろそれを妨げる政策となっているのです。

文政権は、日韓関係においても、親日清算をより強力に推進しています。その結果、京畿道議会の議員は学校の備品の日本製品に「戦犯ステッカー」を張ることを求める条例を出すなどの動きがありました。さすがにそれは韓国国内の批判で保留されましたが、文政権の進める親日排斥の動きがそうした悪乗り組を生じさせているのです。

親日清算の動きは、日韓関係に留まらず、韓国国内において国民の分断を助長しています。大統領は国民融和を図るのが重要ですが、文政権はこれと逆行することを次々に行っています。

文政権にとって不都合な真実は受け付けず、誰かに責任転嫁して批判しています。文政権になってから主要なテレビ局のトップが相次いで交代し、テレビの時事番組は「積弊清算」関連の内容を相次いで放送しています。「司法の素顔——判事ブラックリスト」「（北朝鮮に撃沈された）『天安艦』報告書の真実」「国家情報院とエセ保守、不法政治工作」などほとんどが過去の政権の疑惑を暴くことを目的としています。

しかしそうした中、文政権のスキャンダルも政権二年弱にして噴出しています。娘一家のタイ移住、大統領夫人の息のかかった親友の土地投機疑惑、次の革新系大統領有力候補で腹心の金慶洙《キムギョンス》慶尚南道知事が大統領選時に世論操作を行ったとして有罪判決を受けた事件、そして最近では青瓦台報道官の不動産投機疑惑など政権を揺るがしかねない事件が相次いでいます。こうした事件にたいしても現政権はマスコミや司法界を巻き込み、もみ消しに邁進しています。

こうした中、文政権の支持率は三月末時点で四三％に落ち込んでいます。これだけ、政策の失敗、独善的な対応、スキャンダルの連発があったにもかかわらず、いまだに四〇％超えの支持率は逆に驚きですが、それは革新系への固定的な支持が三分の一くらいあること、朴槿恵政権が極度の不評であったことが影響しているのでしょう。それでも、文政権が行っている政策は、内政、北朝鮮を含む外交、経済、安保どれをとっても問題百出、八方塞がりの状況にあります。今後一層支持が低下することは目に見えています。
文政権は、強引な独裁体制を引く前に、人事や組織改革で外堀を埋め、行政、司法、マスコミを手中に収めました。唯一恐ろしいのは世論の変化でしょう。今後支持率が大幅に低下した時、現在のような独裁的政権を維持できるのか、これが今後の政権の残り任期の課題でしょう。

文大統領を選出したのは韓国国民です。それに関して外国人がとやかく言うことではありません。しかし、その時の大統領選挙は、朴槿恵大統領弾劾という異常事態の中で行われました。その時選出された文大統領によって国民が戦後七十年の間、汗水を流し苦慮して築き上げた韓国が、間違った方向に導かれ、日本、米国をはじめとする友好国との関係を台無しにするのを見るのは忍びないものがあります。悪くして、北朝鮮の影響下に置かれるようなことになれば、取り返しがつきません。私は、都合十二年間韓国に在住しました。韓国の友人も大勢います。そうした人々が悲しい思いをしないことを切に祈っています。

しかし、韓国にとって最悪の事態を防ぐためには、韓国国民の良識と判断力に期待せざるを得ません。何とか文政権の独走を止めてほしいものです。

本書の出版にあたり、主導的役割を果たしてくださった、李相哲先生、株式会社ワック編集部の仙頭寿顕様はじめ関係者の方々に心から御礼を申し上げます。

二〇一九年四月

武藤 正敏

李相哲（り・そうてつ）
1959年、中国黒竜江省生まれ。龍谷大学教授。専門は東アジアの近代史・メディア史。中国紙記者をへて87年に来日。上智大学大学院博士課程修了（新聞学博士）。中国の旧満洲・日本統治時代の朝鮮半島の新聞史や、現代の韓国・北朝鮮情勢を分析した論文や著書が多い。著書に『朴槿恵〈パク・クネ〉の挑戦　ムクゲの花が咲くとき』（中央公論新社）、『金正日秘録　なぜ正恩体制は崩壊しないのか』（産経新聞出版）など多数。日本国籍。

武藤正敏（むとう・まさとし）
1948年生まれ。東京都出身。横浜国立大学卒業後、外務省入省。韓国語研修の後、在大韓民国日本国大使館勤務。参事官、公使を歴任。前後してアジア局北東アジア課長、在オーストラリア日本大使館公使、在ホノルル総領事、在クウェート特命全権大使などを務めた後、2010年、在大韓民国特命全権大使に就任。2012年退官。著書に『日韓対立の真相』『韓国人に生まれなくてよかった』（ともに悟空出版）などがある。

「反日《はんにち》・親北《しんぼく》」の韓国《かんこく》　はや制裁対象《せいさいたいしょう》！

2019年５月18日　初版発行

著　者　李相哲・武藤正敏

発行者　鈴木　隆一

発行所　ワック株式会社
東京都千代田区五番町４-５　五番町コスモビル　〒102-0076
電話　03-5226-7622
http://web-wac.co.jp/

印刷人　北島　義俊

印刷製本　大日本印刷株式会社

ISBN978-4-89831-796-9